Y Llyfr Gweddi Gyffredin i'w arfer yn yr Eglwys yng Nghymru

The Book of Common Prayer for use in the Church in Wales

TREFN AR GYFER Y CYMUN BENDIGAID

AN ORDER FOR THE HOLY EUCHARIST

2004

Yr Llyfr Gweddi Gyffredin i'w arfer yn

yr Eglwys yng Nghymru

TREFN AR GYFER Y CYMUN BENDIGAID

2004

The Book of Common Prayer for use in the Church in Wales

AN ORDER FOR THE HOLY EUCHARIST

2004

CANTERBURY PRESS
Norwich

Cyhoeddwyd gan Canterbury Press Norwich
(Argraffnod o'r Hymns Ancient & Modern Cyf,
elusen gofrestredig),
St Mary's Works, St Mary's Plain, Norwich, Norfolk, NR3 3BH
gwefan: www.scm-canterburypress.co.uk

Cyhoeddwyd yn gyntaf ym mis Medi 2004
Ailargraffwyd gyda chywiriadau ym mis Tachwedd 2004

Mae record o'r llyfr hwn ar gael yn y Llyfrgell Brydeinig

Argraffiad Allor: ISBN 978 1 85311 616 2
Argraffiad Sedd: ISBN 978 1 85311 617 9

Cynlluniwyd a chysodwyd mewn Perpetua
gan Simon Kershaw, crucix, gwefan: www.crucix.com

Caligraffeg y clawr gan Shirley Norman
Cynllun y clawr gan Leigh Hurlock

Argraffwyd ym Mhrydain Fawr gan Biddles Cyf, gwefan: www.biddles.co.uk

Published by the Canterbury Press Norwich
(a publishing imprint of Hymns Ancient & Modern Limited,
a registered charity),
St Mary's Works, St Mary's Plain, Norwich, Norfolk, NR3 3BH
www.scm-canterburypress.co.uk

First published September 2004
Reprinted with corrections November 2004
Reprinted February 2005, November 2005 and February 2007

A catalogue record for this book is available from the British Library
Altar edition: ISBN 978 1 85311 616 2
Pew edition: ISBN 978 1 85311 617 9

Designed and typeset in Perpetua
by Simon Kershaw at crucix www.crucix.com

Cover calligraphy by Shirley Norman
Cover design by Leigh Hurlock

Printed and bound in Great Britain by William Clowes Ltd, Beccles, Suffolk

CYNNWYS

CONTENTS

RHAGYMADRODD

Y mae awdurdodi'r *Drefn ar gyfer y Cymun Bendigaid 2004* yn wasanaeth yn Llyfr Gweddi Gyffredin yr Eglwys yng Nghymru, a'i chyhoeddi yn y llyfr hwn, yn dwyn i ben broses hir a beichus o adolygu'r Cymun Bendigaid. Yr ydym ni, y bu a wnelom â'r gwaith, yn awr yn cyflwyno ffrwyth ein llafur i'w ddefnyddio gan ein cyd-eglwyswyr. Ein gweddi yw y bydd y ffurf newydd a diffiniadol hon ar y Cymun Bendigaid yn foddion addas i faethu a chryfhau pobl Crist ar y ddaear ac i roi gogoniant a moliant a diolch i'r un Duw tragwyddol, Tad, Mab ac Ysbryd Glân.

Y mae'r llyfr hwn yn cynnwys y testunau angenrheidiol ar gyfer gweinyddu'r Cymun Bendigaid yn ôl y drefn ddiffiniadol newydd. Er mwyn hwylustod, cynhwyswyd hefyd y *Drefn ar gyfer y Cymun Bendigaid 1984* yng nghefn y llyfr.

✠DAVID THOMAS
Cadeirydd, Pwyllgor Adolygu'r Cymun Bendigaid

INTRODUCTION

The authorization of the *Order for the Holy Eucharist 2004* as a Church in Wales Prayer Book service and its publication in this book mark the end of a lengthy and demanding process of revision of the Holy Eucharist. We who have been involved in this work now offer the fruit of our labours to our fellow churchpeople for their use. It is our prayer that this new definitive form of the Holy Eucharist will prove a suitable means for nourishing and strengthening Christ's people on earth and for giving glory, praise and thanksgiving to the one eternal God, Father, Son and Holy Spirit.

This book contains the texts needed for the celebration of the Holy Eucharist according to the new definitive rite. For reasons of convenience, the *Order for the Holy Eucharist 1984* is also included at the back of the book.

+David Thomas
Chairman, Holy Eucharist Revision Committee

TREFN AR GYFER
Y CYMUN BENDIGAID

2004

AN ORDER FOR THE HOLY EUCHARIST

2004

CYNLLUN

Mae cynllun llawn y Cymun Bendigaid fel a ganlyn.
Cyfeirir at yr Atodiadau perthnasol.
Gweler y Nodiadau am y newidiadau a ganiateir.

1 ***DYFOD YNGHYD***
Cyfarchiad
Gweddi
Edifeirwch *Atodiad I*
Gloria
Colect

2 ***CYHOEDDI'R GAIR***
Darlleniad o'r Hen Destament
Salm
Darlleniad o'r Testament Newydd
Efengyl
Pregeth
Credo *Atodiad II*

3 ***YR YMBILIAD***
Anogaethau, Litani a ffurfiau gosod eraill, *Atodiad III*
Colectau Terfynol *Atodiad IV*

4 ***Y TANGNEFEDD*** *Atodiad V*

5 ***Y DIOLCH*** *Atodiad VI*

6 ***Y CYMUN*** *Atodiad VII*

7 ***YR ANFON ALLAN*** *Atodiad VIII*

AMLINELLIAD O FFURF AR GYFER Y CYMUN BENDIGAID

1 Deuwn Ynghyd yn Enw'r Arglwydd
2 Rhannwn Dangnefedd Duw
3 Cyhoeddwn Air Duw
4 Gweddïwn gyda'r Eglwys
5 Offrymwn Ddiolch
6 Rhannwn y Rhoddion
7 Awn Allan yn Nerth Duw

STRUCTURE

The full structure of the Holy Eucharist is as follows.
Reference is made to the relevant Appendices.
Refer to the Notes for permitted alterations.

1 ***THE GATHERING***

Greeting
Prayer
Penitence — *Appendix I*
Gloria
Collect

2 ***THE PROCLAMATION OF THE WORD***

Old Testament reading
Psalm
New Testament reading
Gospel
Sermon
Creed — *Appendix II*

3 ***THE INTERCESSION***

Biddings, Litany and other set forms — *Appendix III*
Concluding Collect — *Appendix IV*

4 ***THE PEACE*** — *Appendix V*

5 ***THE THANKSGIVING*** — *Appendix VI*

6 ***THE COMMUNION*** — *Appendix VII*

7 ***THE SENDING OUT*** — *Appendix VIII*

OUTLINE ORDER FOR THE EUCHARIST

1. We Gather in the Lord's Name
2. We Share God's Peace
3. We Proclaim the Word of God
4. We Pray with the Church
5. We Offer Thanksgiving
6. We Share the Gifts
7. We Go in God's Strength

NODIADAU

1 Gorchuddir Bwrdd yr Arglwydd â lliain gwyn glân.

2 Darperir y bara a'r gwin ar gost y plwyf. Dylai'r bara fod yn fara gwenith wedi ei lefeinio neu'n groyw, a'r gwin yn win grawnwin pur y gellir ychwanegu ychydig o ddŵr ato.

3 Pan fo'r esgob yn bresennol, mae'n arferol iddo lywyddu yn y Cymun Bendigaid, a phregethu. Hyd yn oed pan nad yw'n llywyddu, ef sy'n datgan y Gollyngdod (1) a chyhoeddi'r Fendith (os bydd un).

4 Hyd y bo modd, dylai fod yn amlwg mai'r esgob neu'r offeiriad sy'n llywyddu dros holl wasanaeth yr Ewcharist er mwyn pwysleisio undod y gwasanaeth. Pan fo angen, gall diacon neu Ddarllenydd gymryd y gwasanaeth hyd at ddiwedd yr Ymbiliau (3), gan addasu'r Gollyngdod (1) trwy osod 'ni/ein' yn lle 'chwi/eich'.

5 Dyletswydd y diacon yw cyhoeddi'r Efengyl (2), darparu elfennau'r bara a'r gwin (5), gweinyddu'r Cymun Bendigaid (6) ac anfon allan y bobl (7). At hyn, gall y diacon gludo Llyfr yr Efengylau ar ddechrau'r gwasanaeth, pregethu (2) pan fo wedi ei drwyddedu i wneud hynny, ac arwain yr Ymbiliau (3).

6 Gweithred holl bobl Dduw yw'r Offeren. Mynegir gweinidogaeth aelodau'r gynulleidfa trwy gyfrwng eu rhan weithredol gydol y litwrgi, a thrwy i rai ohonynt ddarllen y darnau o'r Ysgrythur yn ystod Cyhoeddi'r Gair (2) ac arwain yr Ymbiliau (3). Gall Darllenydd trwyddedig bregethu, a gall cynorthwywyr ewcharistaidd trwyddedig gynorthwyo i weinyddu'r Cymun.

7 Dylid defnyddio'r Gloria in Excelsis (1) ar Suliau a gwyliau, ond gellir ei hepgor yn nhymhorau'r Adfent a'r Garawys. Dylid defnyddio'r Credo (2) ar Suliau a

NOTES

1 The Holy Table shall be covered with a clean white cloth.

2 The bread and wine are to be provided at the expense of the parish. The bread shall be wheat bread, leavened or unleavened, and the wine pure grape wine to which a little water may be added.

3 When the bishop is present, it is normal for him to preside over celebrations of the Eucharist and to preach. Even when he does not preside, he pronounces the Absolution (1) and the Blessing (if there is one).

4 As far as possible, the bishop or priest should be seen to preside over the whole of the Eucharist in order to emphasize the unity of the service. When circumstances require it, a deacon or Reader may lead the service to the end of the Intercession (3), amending the Absolution (1) by substituting 'us/our' for 'you/your'.

5 It is the duty of the deacon to proclaim the Gospel (2), to prepare the elements of bread and wine (5), to administer Holy Communion (6), and to dismiss the people (7). In addition, the deacon may carry in the Book of the Gospels at the beginning of the service, preach the Sermon (2) when licensed to do so and lead the Intercession (3).

6 The Eucharist is the action of the whole people of God. The ministry of the members of the congregation is expressed by means of their active participation throughout the liturgy, and by some of them reading the scripture passages in the Proclamation of the Word (2) and leading the Intercession (3). A licensed Reader may preach and licensed eucharistic assistants may assist in the administration of the Communion.

7 The Gloria in Excelsis (1) should be used on Sundays and festivals, though it may be omitted throughout Advent and Lent. The Creed (2) should be used on Sundays and

gwyliau. Yn dilyn arferiad lleol, gellir lleoli'r Gyffes a'r Gollyngdod yn syth ar ôl yr Ymbiliau (3), a gellir dweud Gweddi'r Arglwydd yn adran 6 cyn y Gwahoddiad yn hytrach nag ar ôl y Weddi Ewcharistaidd.

8 Cyflwyna'r offeiriad y Colect (1) â'r gair 'Gweddïwn', wedyn gellir cael deisyfiad a chyfnod o ddistawrwydd, i'w dilyn gan y Colect.

9 Ar ddyddiau'r wythnos nad ydynt yn ddyddiau gŵyl, gellir hepgor un o'r ddau ddarlleniad cyntaf (2). Gellir cyflwyno'r darlleniadau o'r Hen Destament a'r Testament Newydd naill ai gyda'r geiriau, 'Darlleniad o …' neu gyda chyfeiriad agoriadol: Llyfr, Pennod, Adnod (os nad yw'n adnod gyntaf). Gellir ychwanegu amlinelliad byr o'r cyd-destun (nid crynodeb).

10 Gall diacon neu offeiriad sy'n cynorthwyo gyflwyno darlleniad yr Efengyl gyda'r cyfarchiad 'Yr Arglwydd a fo gyda chwi', a'r bobl yn ymateb 'A hefyd gyda thi'.

11 Mae'r Ymbiliau (3) yn eu hanfod yn gyfres o anogaethau neu ddeisyfiadau wedi eu ffurfio yn un weddi y gall pob un sydd yn bresennol gymryd rhan ynddi heb anhawster. Symlrwydd yw ei nod amgen.

12 Pan nad oes Cymun, bydd y gwasanaeth yn gorffen gyda'r Ymbiliau (3) i'w dilyn gan Weddi'r Arglwydd (5), y Gras, neu ddiweddglo addas arall (gweler y Drefn ar gyfer y Foreol a'r Hwyrol Weddi). Pan fydd y gwasanaeth i'w gyplysu â'r Foreol Weddi, yr Hwyrol Weddi neu'r Litani, neu yn eu dilyn, cyfeirier at y nodiadau sydd gyda'r ffurf-wasanaeth.

13 Mae Gweddi Ewcharistaidd 5 wedi ei ffurfio yn y fath fodd fel na ddylid defnyddio rhaglithoedd priod (Atodiad VI) gyda hi.

14 Gellir rhagflaenu'r fonllef 'Bu farw Crist …' yn y Gweddïau Ewcharistaidd (5) gan eiriau priodol, er enghraifft 'Gadewch inni gyhoeddi dirgelwch y ffydd',

festivals. According to local custom, the Confession and Absolution may be moved to follow the Intercession (3) immediately, and the Lord's Prayer may be said in section 6 before the Invitation instead of following the Eucharistic Prayer.

8 The priest introduces the Collect (1) with 'Let us pray', after which there may be a bidding and a period of silence, followed by the Collect.

9 On weekdays which are not holy days, one of the first two readings (2) may be omitted. The Old and New Testament readings may be introduced with either the words, 'A reading from …' or the opening reference: Book, chapter, verse (if not verse one). A brief context (not a summary) may be added.

10 A deacon or assisting priest may introduce the reading of the Gospel with the greeting 'The Lord be with you' to which the people respond 'And also with you'.

11 The Intercession (3) is essentially a series of biddings or petitions constituting one prayer in which all present can engage without difficulty. Its hallmark is simplicity.

12 When there is no Communion, the service ends with the Intercession (3) followed by the Lord's Prayer (5) and the Grace or another appropriate ending (see Morning and Evening Prayer). When the service is to be combined with or follow Morning or Evening Prayer or the Litany, refer to the notes accompanying the order of service to be used in conjunction with the Eucharist.

13 The structure of Eucharistic Prayer 5 is such that proper prefaces (Appendix VI) should not be used with it.

14 The acclamation 'Christ has died …' in the Eucharistic Prayers (5) may be introduced with appropriate words, for example 'Let us proclaim the mystery of faith',

'Mawr yw dirgelwch y ffydd', 'Iesu yw'r Arglwydd'. Dylai geiriau rhagymadroddol o'r fath gael eu llefaru gan y diacon neu, os nad oes diacon, gan yr offeiriad.

15 Dynodir amseroedd addas ar gyfer distawrwydd yn nhestun y gwasanaeth. Mae distawrwydd hefyd i'w gymeradwyo, fel sy'n addas, ar ôl y Bregeth (2) ac adeg yr Ymbiliau (3).

16 Rhoddir cyfarwyddyd syml ar gyfer sefyll, eistedd, penlinio yn nhestun y gwasanaeth er y gellir newid hyn i gydweddu â gofynion lleol; dylai'r bobl sefyll bob tro ar gyfer yr Efengyl; nid oes angen symud ar gyfer darllen y Colect (1) na thrwy adran 5.

17 Gellir darllen gostegion priodas neu'r cyhoeddiadau naill ai ar ddechrau'r gwasanaeth neu cyn yr Ymbiliau (3), neu yn syth ar ôl y Weddi Ôl-Gymun (7).

18 Mae ffurf ar gyfer Cyffes a Gollyngdod unigol ar gael yn Atodiad IX.

'Great is the mystery of faith', 'Jesus is Lord'. Such introductory words should be said by the deacon or, if there is no deacon, the priest.

15 Suitable times for silence are indicated in the text of the service. Silence is also to be commended, as appropriate, after the Sermon (2) and during the Intercession (3).

16 Basic guidance for posture is given in the text of the service, though this may be altered to suit local needs: the people shall always stand for the Gospel; a change of posture is not appropriate for the reading of the Collect (1) nor throughout section 5.

17 Notices and banns of marriage may be read at the beginning of the service, before the Intercession (3), or immediately after the Post Communion prayer (7).

18 A form for individual Confession and Absolution is provided in Appendix IX.

CANLLAWIAU AR GYFER GWEINYDDU'R CYMUN BENDIGAID GYDA PHLANT

1 Dylai pob gweinyddiad o'r Cymun adlewyrchu undod holl Gorff Crist.

2 Pan fo nifer sylweddol o blant yn bresennol, gellir cwtogi a symleiddio'r Dod Ynghyd (1) trwy hepgor y gweddïau 'Dad y gogoniant' a 'Dad nefol, y mae pob calon yn agored i ti', a gellir dewis rhwng y Kyrie a'r Gloria, y cyntaf i'w ddefnyddio yn ystod yr Adfent a'r Garawys, yr ail ar adegau eraill.

3 Dylid bod yn hyblyg iawn a defnyddio dychymyg sylweddol ynghylch nifer, hyd a chyflwyniad y darlleniadau (2). Serch hynny, dylid bob amser gynnwys darlleniad o'r Efengyl.

4 Gall y ffurf arall ar y Credo yn Atodiad II gymryd lle Credo Nicea neu Gredo'r Apostolion ar yr adegau hyn.

5 Argymhellir defnyddio Gweddïau Ewcharistaidd 6 a 7 (Adran 5) gyda phlant o'r oedran a nodir.

6 Os ychydig o'r rhai sydd yn bresennol sydd wedi derbyn Cymun, gellir defnyddio gweddi arall briodol yn lle'r rhai sy'n cael eu rhoi (7). Mae rhai o'r Gweddïau o Ymgysegriad yn y Drefn ar gyfer y Foreol a'r Hwyrol Weddi yn addas i'r diben hwn.

7 Ni ddylai'r ymatebion amrywio fel arfer.

8 Er ei bod yn eithriadol bwysig fod pawb sy'n cymuno yn eu paratoi eu hunain yn fanwl cyn derbyn y Cymun, dylid rhoi sylw arbennig i gynorthwyo plant i wneud hynny.

GUIDELINES FOR THE CELEBRATION OF THE EUCHARIST WITH CHILDREN

1 Every celebration of the Eucharist should be an expression of the unity of the whole body of Christ.

2 When there is a significant number of children present, the Gathering (1) may be shortened and simplified by the omission of the prayers 'Father of glory' and 'Heavenly Father, all hearts are open to you', and the Kyrie and Gloria may be treated as alternatives, the former being used in Advent and Lent, the latter at other times.

3 Considerable flexibility and imagination should be exercised over the number, length and presentation of the readings (2). A Gospel reading should, however, always be included.

4 The Nicene or Apostles' Creed may be replaced on these occasions by the alternative confession of faith in Appendix II.

5 Eucharistic Prayers 6 and 7 (Section 5) are recommended for use with the age-groups specified.

6 When few of those present have received Communion, an appropriate alternative prayer may be used instead of those given (7). Some of the Prayers of Dedication in Morning and Evening Prayer are suitable for this purpose.

7 The responses should not normally vary.

8 While it is of the greatest importance that all communicants should prepare themselves properly before receiving Communion, special care should be devoted to helping children in this respect.

TREFN AR GYFER Y CYMUN BENDIGAID

1 *Y DOD YNGHYD*

Gellir canu emyn, salm neu anthem. *[Sefyll]*

Yn enw'r Tad,
a'r Mab,
a'r Ysbryd Glân.
Amen.

Gras a thangnefedd a fo gyda chwi
a'th gadw di yng ngghariad Crist.

Neu yn nhymor y Pasg

Alelwia! Atgyfododd Crist.
Atgyfododd yn wir. Alelwia!

Naill ai

Dad y gogoniant, sanctaidd a thragwyddol,
edrych arnom yn awr mewn gallu a thrugaredd.
Bydded i'th nerth orchfygu ein gwendid,
i'th lewyrch oleuo ein dallineb,
ac i'th Ysbryd ein denu at y cariad hwnnw
sy'n cael ei ddangos a'i gynnig inni gan dy Fab,
ein Gwaredwr Iesu Grist. Amen.

Neu

Dad nefol, y mae pob calon yn agored i ti.
Ni allwn guddio un dim oddi wrthyt.
Glanha ni â fflam dy Ysbryd Glân
er mwyn inni dy garu a'th addoli'n ffyddlon,
trwy Iesu Grist ein Harglwydd. Amen.

Gellir defnyddio y Kyriau neu adran arall o Atodiad 1, tudalennau 86–96. *[Penlinio]*

Arglwydd, trugarha. **Arglwydd, trugarha.**
Crist, trugarha. **Crist, trugarha.**
Arglwydd, trugarha. **Arglwydd, trugarha.**

Distawrwydd.

AN ORDER FOR THE HOLY EUCHARIST

1 *THE GATHERING*

A hymn, psalm or anthem may be sung. *[Stand]*

In the name of the Father,
and of the Son,
and of the Holy Spirit.
Amen.

Grace and peace be with you
and keep you in the love of Christ.

Or in Eastertide

Alleluia! Christ is risen.
He is risen indeed. Alleluia!

Either

Father of glory, holy and eternal,
look upon us now in power and mercy.
May your strength overcome our weakness,
your radiance transform our blindness,
and your Spirit draw us to that love
shown and offered to us by your Son,
our Saviour Jesus Christ. Amen.

Or

Heavenly Father, all hearts are open to you.
No secrets are hidden from you.
Purify us with the fire of your Holy Spirit
that we may love and worship you faithfully,
through Jesus Christ our Lord. Amen.

The Kyries or another section from Appendix 1, pages 87–97, may be used. *[Kneel]*

Lord, have mercy.	**Lord, have mercy.**
Christ, have mercy.	**Christ, have mercy.**
Lord, have mercy.	**Lord, have mercy.**

Silence.

Dad nefol,
yr ydym wedi pechu ar feddwl, gair a gweithred,
a heb wneud yr hyn a ddylem.
Mae'n wir ddrwg gennym,
ac yr ydym o ddifrif yn edifarhau.
Er mwyn dy Fab Iesu Grist a fu farw drosom,
maddeua inni'r cwbl a aeth heibio
ac arwain ni yn ei ffordd ef
i gerdded fel plant y goleuni. Amen.

Yr Hollalluog Dduw,
sy'n maddau i bawb sy'n wir edifeiriol,
a drugarhao wrthych, a'ch rhyddhau o bechod,
eich cadarnhau mewn daioni
a'ch cadw yn y bywyd tragwyddol;
trwy Iesu Grist ein Harglwydd. **Amen.**

Gloria in Excelsis *[Sefyll]*

Gogoniant yn y goruchaf i Dduw,
ac ar y ddaear tangnefedd i'r rhai sydd wrth ei fodd.
Moliannwn di, bendithiwn di,
addolwn di, gogoneddwn di,
diolchwn i ti am dy fawr ogoniant.
Arglwydd Dduw, Frenin nefol,
Dduw Dad Hollalluog.

O Arglwydd, yr Unig Fab, Iesu Grist;
O Arglwydd Dduw, Oen Duw, Fab y Tad,
sy'n dwyn ymaith bechod y byd,
trugarha wrthym;
tydi sy'n eistedd ar ddeheulaw Duw Dad,
derbyn ein gweddi.

Oherwydd ti yn unig sy'n Sanctaidd;
ti yn unig yw'r Arglwydd;
ti yn unig, O Grist, gyda'r Ysbryd Glân,
sydd Oruchaf yng ngogoniant Duw Dad. Amen.

Colect y Dydd

Gweddïwn.

**Heavenly Father,
we have sinned in thought, word and deed,
and have failed to do what we ought to have done.
We are sorry and truly repent.
For the sake of your Son Jesus Christ who died for us,
forgive us all that is past
and lead us in his way
to walk as children of light. Amen.**

Almighty God,
who forgives all who truly repent,
have mercy on you and set you free from sin,
strengthen you in goodness
    and keep you in eternal life;
through Jesus Christ our Lord. **Amen.**

Gloria in Excelsis *[Stand]*

**Glory to God in the highest,
and peace to his people on earth.
Lord God, heavenly King,
Almighty God and Father,
we worship you, we give you thanks,
we praise you for your glory.**

**Lord Jesus Christ, only Son of the Father,
Lord God, Lamb of God,
you take away the sin of the world:
have mercy on us;
you are seated at the right hand of the Father:
receive our prayer.**

**For you alone are the Holy One,
you alone are the Lord,
you alone are the Most High,
Jesus Christ, with the Holy Spirit,
in the glory of God the Father. Amen.**

The Collect of the Day

Let us pray.

2 *CYHOEDDI'R GAIR*

Gellir defnyddio salm, emyn neu gân briodol ar ôl y darlleniad cyntaf, neu ar ôl yr ail ddarlleniad, neu ar ôl y ddau.

O flaen y ddau ddarlleniad cyntaf dywed y darllenydd
Darlleniad o…

Bydd distawrwydd ar ôl y ddau ddarlleniad.

Wedyn gall y darllenydd ddweud
Naill ai
Gwrandewch ar yr hyn y mae'r Ysbryd
yn ei ddweud wrth yr eglwys.
Diolch a fo i Dduw.
Neu
Dyma air yr Arglwydd.
Diolch a fo i Dduw.

Darlleniad o'r Hen Destament *[Eistedd]*

(Salm)

Darlleniad o'r Testament Newydd

Yr Efengyl *Sefyll*

Dywed y darllenydd
Gwrandewch Efengyl Crist yn ôl Sant …
Gogoniant i ti, O Arglwydd.

Ar ôl yr Efengyl dywed y darllenydd
Dyma Efengyl yr Arglwydd.
Moliant i ti, O Grist.

Y Bregeth *[Eistedd]*

2 *THE PROCLAMATION OF THE WORD*

After each or either of the first two readings an appropriate psalm, hymn or song may be used.

For each of the first two readings the reader says
A reading from…

Silence follows each reading.

The reader may then say
Either
Hear what the Spirit is saying to the church.
Thanks be to God.
Or
This is the word of the Lord.
Thanks be to God.

An Old Testament Reading *[Sit]*

(A Psalm)

A New Testament Reading

The Gospel *Stand*

The reader says
Listen to the gospel of Christ according to Saint …
Glory to you, O Lord.

After the Gospel the reader says
This is the Gospel of the Lord.
Praise to you, O Christ.

The Sermon *[Sit]*

Cadarnhau'r Ffydd *[Sefyll]*

Credo Nicea

Credwn yn un Duw,
Y Tad, yr hollalluog,
gwneuthurwr nef a daear,
a phob peth gweledig ac anweledig.

Credwn yn un Arglwydd Iesu Grist,
unig Fab Duw,
a genhedlwyd gan y Tad cyn yr holl oesoedd,
Duw o Dduw, Llewyrch o Lewyrch,
gwir Dduw o wir Dduw,
wedi ei genhedlu, nid wedi ei wneuthur,
yn un hanfod â'r Tad,
a thrwyddo ef y gwnaed pob peth.
Er ein mwyn ni ac er ein hiachawdwriaeth
disgynnodd o'r nefoedd;
trwy nerth yr Ysbryd Glân daeth yn gnawd o Fair Forwyn
ac fe'i gwnaed yn ddyn,
Fe'i croeshoeliwyd drosom dan Pontius Pilat.
Dioddefodd angau ac fe'i claddwyd.
Atgyfododd y trydydd dydd yn ôl yr Ysgrythurau,
ac esgynnodd i'r nef,
ac y mae'n eistedd ar ddeheulaw'r Tad.
A daw drachefn mewn gogoniant
i farnu'r byw a'r meirw:
ac ar ei deyrnas ni bydd diwedd.

Credwn yn yr Ysbryd Glân,
yr Arglwydd, rhoddwr bywyd,
sy'n deillio o'r Tad a'r Mab,
ac ynghyd â'r Tad a'r Mab
a gydaddolir ac a gydogoneddir,
ac a lefarodd trwy'r proffwydi.
Credwn yn un Eglwys lân gatholig ac apostolig.
Cydnabyddwn un bedydd er maddeuant pechodau.
A disgwyliwn am atgyfodiad y meirw,
a bywyd y byd sydd i ddyfod.
Amen.

Gellir defnyddio Credo'r Apostolion (gweler Atodiad II*, tudalen 98) yn lle Credo Nicea.*

An Affirmation of the Faith *[Stand]*

The Nicene Creed

We believe in one God,
the Father, the almighty,
maker of heaven and earth,
of all that is, seen and unseen.

We believe in one Lord, Jesus Christ,
the only Son of God,
eternally begotten of the Father,
God from God, Light from Light,
true God from true God,
begotten, not made,
of one Being with the Father.
Through him all things were made.
For us and for our salvation
he came down from heaven;
by the power of the Holy Spirit
he became incarnate from the Virgin Mary,
and was made man.
For our sake he was crucified under Pontius Pilate;
he suffered death and was buried.
On the third day he rose again
in accordance with the Scriptures;
he ascended into heaven
and is seated at the right hand of the Father.
He will come again in glory
to judge the living and the dead,
and his kingdom will have no end.

We believe in the Holy Spirit,
the Lord, the giver of life,
who proceeds from the Father and the Son,
who with the Father and the Son
is worshipped and glorified,
who has spoken through the prophets.
We believe in one holy catholic and apostolic Church.
We acknowledge one baptism for the forgiveness of sins.
We look for the resurrection of the dead,
and the life of the world to come. Amen.

The Apostles' Creed (Appendix II, page 99) may be used instead of the Nicene Creed.

3 *YR YMBILIAU*

Naill ai

Gofynnir i bawb sy'n bresennol weddïo.

Fel arfer mae'r Ymbiliau'n cynnwys y canlynol a gallant ddilyn y drefn hon

- *yr Eglwys, yn fyd-eang ac yn lleol, gan gynnwys yr esgob a'r clerigion*
- *y greadigaeth, cenhedloedd y byd, ein cenedl ni*
- *y rhai sydd mewn unrhyw angen*
- *y gymuned leol*
- *cymundeb y saint.*

Dylid cadw distawrwydd ar ôl pob anogaeth.

Gellir defnyddio ymatebion priodol, er enghraifft

Arglwydd, yn dy drugaredd,
gwrando ein gweddi.

Arglwydd, clyw ni
Arglwydd, yn rasol clyw ni.

Gweddïwn arnat ti, o Arglwydd.
Arglwydd, trugarha.

Mae'r weddi'n cloi â cholect addas a adroddir gan yr offeiriad (Atodiad IV) neu â'r canlynol

Dad trugarog,
derbyn y gweddïau hyn
er mwyn dy Fab,
ein Gwaredwr Iesu Grist. Amen.

Neu

Unrhyw un o'r ffurfiau a argraffwyd yn Atodiad III, tudalennau 100–106.

Neu

Unrhyw un o'r Litanïau Byrrach o'r Drefn ar gyfer y Foreol a'r Hwyrol Weddi.

3 *THE INTERCESSION*

Either
All present are asked to pray.

The Intercession usually includes these concerns and may follow this sequence

- *the Church, universal and local, including the bishop and clergy*
- *the created order, the nations of the world, our own nation*
- *those in any kind of need*
- *the local community*
- *the communion of saints.*

Silence should be kept after each bidding.

Appropriate responses may be used, for example
Lord, in your mercy,
hear our prayer.

Lord, hear us.
Lord, graciously hear us.

We pray to you, O Lord.
Lord, have mercy.

The prayer ends with a suitable collect said by the priest (Appendix IV) or the following
Merciful Father,
accept these prayers
for the sake of your Son,
our Saviour Jesus Christ. Amen.

Or
One of the forms printed in Appendix III, pages 101–107.

Or
Any of the Shorter Litanies from the Order for Morning and Evening Prayer.

Yna gellir adrodd un o'r gweddïau a ganlyn

Naill ai

**Nid ydym yn rhyfygu dyfod at dy fwrdd di yma,
Arglwydd trugarog,
gan ymddiried yn ein cyfiawnder ein hunain,
ond yn dy aml a'th ddirfawr drugareddau di.
Nid ydym yn deilwng
gymaint ag i gasglu'r briwsion dan dy fwrdd di,
ond yr un Arglwydd wyt ti
a pherthyn i ti drugarhau bob amser.
Caniatâ i ni, gan hynny, Arglwydd grasol,
felly fwyta cnawd dy annwyl Fab Iesu Grist
ac yfed ei waed ef,
fel y trigom byth ynddo ef
ac yntau ynom ninnau.
Amen.**

Neu

**O Arglwydd Iesu Grist,
yr wyt yn ein denu a'n croesawu ni,
wedi ein gwacáu o bob balchder
ac yn newynu am dy ras,
i'th wledd hon, gwledd dy deyrnas.
Dim ond yma wrth dy fwrdd di, O Arglwydd,
y cawn yr ymborth y mae
ein heneidiau'n llefain amdano.
Nertha ni a phortha ni, Arglwydd da,
fel, trwy'r bara hwn a'r gwin hwn ac ynddynt,
y daw dy gariad i gwrdd â ni
ac y bydd i'th fywyd ein gwneud yn gyflawn
yn nerth a gogoniant dy deyrnas.
Amen.**

One of the following prayers may then be said

Either

**We do not presume
to come to this your table, merciful Lord,
trusting in our own righteousness,
but in your manifold and great mercies.
We are not worthy
so much as to gather up the crumbs under your table.
But you are the same Lord
whose nature is always to have mercy.
Grant us, therefore, gracious Lord,
so to eat the flesh of your dear Son Jesus Christ
and to drink his blood,
that we may evermore dwell in him
and he in us.
Amen.**

Or

**Lord Jesus Christ,
you draw and welcome us,
emptied of pride and hungry for your grace,
to this your kingdom's feast.
Nowhere can we find the food
for which our souls cry out,
but here, Lord, at your table.
Invigorate and nourish us, good Lord,
that in and through this bread and wine
your love may meet us
and your life complete us
in the power and glory of your kingdom.
Amen.**

4 *Y TANGNEFEDD*

Gellir darllen brawddeg o'r Ysgrythur o Atodiad v.

Tangnefedd yr Arglwydd a fo gyda chwi bob amser.
A hefyd gyda thi.

Gellir cyfnewid arwydd tangnefedd.

Gellir canu emyn, salm neu anthem.

Pan wneir casgliad fe'i dygir at yr offeiriad.

5 *Y DIOLCH*

Cymer yr offeiriad y bara a'r cwpan.

Gall yr offeiriad ddweud naill ai
Dathlwn gyda'n gilydd roddion a gras Duw.
Cymerwn y bara hwn,
cymerwn y gwin hwn
i ddilyn esiampl Crist
ac i ufuddhau i'w orchymyn.

Neu ynteu gall foli Duw am ei roddion yn y geiriau hyn
(nad ydynt i'w defnyddio gyda Gweddi Ewcharistaidd 1)
Bendigedig wyt ti, Arglwydd Dduw yr holl greadigaeth.
Trwy dy ddaioni y mae gennym y bara hwn i'w offrymu,
rhodd y ddaear a gwaith dwylo dynol.
Fe ddaw i ni yn fara'r bywyd.
Bendigedig fyddo Duw am byth.

Bendigedig wyt ti, Arglwydd Dduw yr holl greadigaeth.
Trwy dy ddaioni y mae gennym y gwin hwn i'w offrymu,
ffrwyth y winwydden a gwaith dwylo dynol.
Fe ddaw i ni yn ddiod ysbrydol.
Bendigedig fyddo Duw am byth.

Defnyddir un o'r Gweddïau Ewcharistaidd canlynol.

4 *THE PEACE*

A sentence of Scripture from Appendix v may be read.

The peace of the Lord be with you always.
And also with you.

A sign of peace may be exchanged.

A hymn, psalm or anthem may be sung.

When a collection is taken it is brought to the priest.

5 *THE THANKSGIVING*

The priest takes the bread and the cup.

Either the priest may say
We celebrate together the gifts and grace of God.
We take this bread,
we take this wine
to follow Christ's example
and obey his command.

Or the priest may praise God for his gifts in these words
(not to be used with Eucharistic Prayer 1)
Blessed are you, Lord, God of all creation.
Through your goodness we have this bread to offer,
which earth has given and human hands have made.
It will become for us the bread of life.
Blessed be God for ever.

Blessed are you, Lord, God of all creation.
Through your goodness we have this wine to offer,
fruit of the vine and work of human hands.
It will become our spiritual drink.
Blessed be God for ever.

One of the following Eucharistic Prayers is used.

Gweddi Ewcharistaidd 1

Yr Arglwydd a fo gyda chwi.
A hefyd gyda thi.

neu

Y mae'r Arglwydd yma.
Y mae ei Ysbryd gyda ni.

Dyrchefwch eich calonnau.
Yr ydym yn eu dyrchafu at yr Arglwydd.

Diolchwn i'r Arglwydd ein Duw.
Iawn yw rhoi ein diolch a'n clod.

Bendigedig wyt ti, Arglwydd ein Duw, Brenin y bydysawd:
ti sy'n dwyn allan fara o'r ddaear.
Bendigedig fyddo Duw am byth.

Bendigedig wyt ti, Arglwydd ein Duw, Brenin y bydysawd:
ti sy'n creu ffrwyth y winwydden.
Bendigedig fyddo Duw am byth.

Gwenith a grawnwin, y bara hwn a'r gwin hwn,
rhan ydynt o gyfoeth dy ddaear.
Teilwng wyt ti, O Arglwydd ein Duw,
i dderbyn gogoniant ac anrhydedd a moliant,
oherwydd ti a greodd bob peth
a thrwy dy ewyllys y maent yn bod.

Diolchwn i ti, O Dad,
am i ti ein llunio ar dy ddelw dy hun,
gan ein creu yn wryw ac yn fenyw,
a'n caru ni er inni wrthryfela i'th erbyn.
Uwchlaw pob dim, rhown ddiolch i ti am dy Fab, Iesu Grist.

Hepgorir y canlynol pan ddefnyddir rhaglith briod

Rhoddaist ef i fod yn Waredwr y byd.
fe'i ganwyd o Fair Forwyn
bu'n byw ar y ddaear yn ufudd i ti,
gan ddioddef angau ar y groes dros ein pechodau.
Atgyfodaist ef oddi wrth y meirw mewn gogoniant;
trwyddo ef anfonaist yr Ysbryd fel yr addawodd.

Gellir cynnwys rhaglith briod yma (Atodiad VI).

Eucharistic Prayer 1

The Lord be with you. **And also with you.**	*or*	The Lord is here. **His Spirit is with us.**

Lift up your hearts.
We lift them to the Lord.

Let us give thanks to the Lord our God.
It is right to give our thanks and praise.

Blessed are you, Lord our God, King of the universe:
you bring forth bread from the earth.
Blessed be God for ever.

Blessed are you, Lord our God, King of the universe:
you create the fruit of the vine.
Blessed be God for ever.

Wheat and grape, this bread and wine,
are part of the riches of your earth.
You are worthy, O Lord our God,
to receive glory and honour and praise
for you created all things
and by your will they have their being.

We thank you, Father,
that you formed us in your own image,
creating us male and female
and loving us even when we rebelled against you.
Above all, we give you thanks for your Son, Jesus Christ.

The following is omitted if a proper preface is used
You gave him to be the Saviour of the world.
He was born of the Virgin Mary
and lived on earth in obedience to you,
suffering death on the cross for our sins.
You raised him from the dead in glory;
through him you sent the Spirit as he had promised.

A proper preface may be inserted here (Appendix VI).

Rhown ddiolch i ti am y gobaith bywiol
a roddaist i ni yn Iesu Grist ein Harglwydd,
ac yr ydym yn ei foli ef â'n gwefusau ac yn ein bywydau,
gan ddweud / gan ganu:
Bendigedig yw'r hwn sy'n dyfod yn enw'r Arglwydd.
Hosanna yn y goruchaf.

Dad cariadus,
molwn di am i'n Harglwydd Iesu Grist,
ar y noson cyn iddo farw, gymryd bara a rhoi diolch i ti.
Fe'i torrodd a'i roi i'w ddisgyblion gan ddweud,
Cymerwch, bwytewch; hwn yw fy nghorff a roddir drosoch:
gwnewch hyn er cof amdanaf.
Ac ar ôl swper cymerodd y cwpan, diolchodd i ti,
ac wrth ei roi i'w ddisgyblion, dywedodd,
Yfwch o hwn, bawb ohonoch;
hwn yw fy ngwaed o'r cyfamod newydd,
a dywelltir drosoch a thros lawer er maddeuant pechodau:
gwnewch hyn, bob tro yr yfwch ef,
er cof amdanaf.

Felly, gyda'r rhoddion sanctaidd hyn,
dathlwn iddo ei offrymu ei hun
unwaith ac am byth ar y groes,
llawenhawn yn ei atgyfodiad a'i ddyrchafael gogoneddus,
a disgwyliwn ei ddyfodiad drachefn:

Bu farw Crist.
Atgyfododd Crist.
Daw Crist mewn gogoniant.

We give you thanks for the living hope
you have given us in Jesus Christ our Lord,
whom we praise with our lips and in our lives,
saying / singing:
Blessed is he who comes in the name of the Lord.
Hosanna in the highest.

Loving Father,
we praise you that, on the night before he died,
our Lord Jesus Christ took bread and gave you thanks.
He broke it and gave it to his disciples, saying,
Take, eat; this is my body which is given for you:
do this in remembrance of me.
After supper he took the cup, gave you thanks
and, giving it to his disciples, said,
Drink from this, all of you;
this is my blood of the new covenant,
shed for you and for many for the forgiveness of sins:
do this as often as you drink it
in remembrance of me.

Therefore, with these holy gifts
we celebrate his offering of himself
made once for all on the cross,
we rejoice in his glorious resurrection and ascension,
and we look for his coming again:

Christ has died.
Christ is risen.
Christ will come in glory.

O Dad, derbyn yr offrwm hwn,
ein dyletswydd a'n gwasanaeth,
y goffadwriaeth hon o Grist dy Fab ein Harglwydd.
Anfon dy Ysbryd Glân arnom ac ar dy roddion hyn
iddynt fod i ni yn gorff a gwaed dy Fab.
A chaniatâ i ni, sy'n bwyta'r bara hwn,
ac yn yfed o'r cwpan hwn,
gael, gyda llu'r angylion a holl gwmpeini'r nef,
gyhoeddi gogoniant dy enw
ac ymuno yn eu hemyn diderfyn o fawl:

Sanctaidd, sanctaidd, sanctaidd Arglwydd,
Duw gallu a nerth,
nef a daear sy'n llawn o'th ogoniant.
Hosanna yn y goruchaf.

Distawrwydd.

Mae'r gwasanaeth yn parhau ar dudalen 76.

Father, accept this offering of our duty and service,
this memorial of Christ your Son our Lord.
Send your Holy Spirit on us and on these your gifts
that they may be for us
 the body and blood of your Son.
Grant that we who eat this bread and drink of this cup
may, with the hosts of angels
 and all the company of heaven,
proclaim the glory of your name
and join in their unending hymn of praise:

Holy, holy, holy Lord,
God of power and might,
heaven and earth are full of your glory.
Hosanna in the highest.

Silence.

The service continues on page 77.

Gweddi Ewcharistaidd 2

Yr Arglwydd a fo gyda chwi.	*neu*	Y mae'r Arglwydd yma.
A hefyd gyda thi.		**Y mae ei Ysbryd gyda ni.**

Dyrchefwch eich calonnau.
Yr ydym yn eu dyrchafu at yr Arglwydd.

Diolchwn i'r Arglwydd ein Duw.
Iawn yw rhoi ein diolch a'n clod.

Y gwir a'r bywiol Dduw,
ffynhonnell bywyd yr holl greadigaeth,
gwnaethost ni ar dy ddelw dy hun.
Rhown ddiolch i ti bob amser ac ym mhob lle
trwy Iesu Grist ein Harglwydd:

Hepgorir y canlynol pan ddefnyddir rhaglith briod

Yn dy gariad atom,
ac yng nghyflawniad yr amser,
anfonaist dy Fab i fod yn Waredwr;
daeth y Gair yn gnawd,
bu'n byw yn ein plith a gwelsom ei ogoniant.
Dros ein pechodau ni a phechodau'r holl fyd
dioddefodd angau ar y Groes.
Atgyfodaist ef i fywyd mewn buddugoliaeth
a'i ddyrchafu mewn gogoniant.
Trwyddo ef yr wyt yn anfon dy Ysbryd Glân ar dy Eglwys
a'n gwneud ni yn bobl i ti.

Gellir cynnwys rhaglith briod yma (Atodiad VI).

Felly, gydag angylion ac archangylion,
a holl gwmpeini'r nef
molwn dy enw gogoneddus:

Sanctaidd, sanctaidd, sanctaidd Arglwydd,
Duw gallu a nerth,
nef a daear sy'n llawn o'th ogoniant.
Hosanna yn y goruchaf.

Bendigedig yw'r hwn sy'n dyfod yn enw'r Arglwydd.
Hosanna yn y goruchaf.

Eucharistic Prayer 2

The Lord be with you. *or* The Lord is here.
And also with you. **His Spirit is with us.**

Lift up your hearts.
We lift them to the Lord.

Let us give thanks to the Lord our God.
It is right to give our thanks and praise.

True and living God,
the source of life for all creation,
you have made us in your own image.
Always and everywhere we give you thanks
through Jesus Christ our Lord.

The following is omitted when a proper preface is used
In your love for us
and in the fullness of time
you sent your Son to be the Saviour;
the Word was made flesh,
he lived among us and we have seen his glory.
For our sins and the sins of all the world
he suffered death on the cross.
You raised him to life in triumph
and exalted him in glory.
Through him you send your Holy Spirit upon your Church
and make us your people.

A proper preface may be inserted here (Appendix VI).

Therefore, with angels and archangels
and with all the company of heaven
we praise your glorious name:

Holy, holy, holy Lord,
God of power and might,
heaven and earth are full of your glory.
Hosanna in the highest.

Blessed is he who comes in the name of the Lord.
Hosanna in the highest.

Bendigedig wyt ti, Dduw hollalluog,
am i'r Arglwydd Iesu,
y nos y bradychwyd ef,
gymryd bara,
ac wedi rhoi diolch i ti,
fe'i torrodd, a'i roi i'w ddisgyblion a dweud,
Cymerwch, bwytewch; hwn yw fy nghorff
a roddir drosoch:
gwnewch hyn er cof amdanaf.
Yr un modd, ar ôl swper fe gymerodd y cwpan;
ac wedi rhoi diolch i ti,
fe'i rhoddodd iddynt a dweud,
Yfwch hwn, bawb;
y cwpan hwn yw'r cyfamod newydd yn fy ngwaed i
a dywelltir drosoch a thros lawer er maddeuant pechodau:
gwnewch hyn bob tro yr yfwch ef
er cof amdanaf.

[Gadewch inni gyhoeddi dirgelwch y ffydd:]
Bu farw Crist.
Atgyfododd Crist.
Daw Crist mewn gogoniant.

Felly, Dduw cariadus,
gan goffáu aberth Crist dy Fab
unwaith am byth ar y groes
a buddugoliaeth ei atgyfodiad,
gofynnwn i ti dderbyn ein haberth hwn o foliant.

Anfon dy Ysbryd Glân arnom ni ac ar y rhoddion hyn
er mwyn inni gael ein porthi
  â chorff a gwaed dy Fab
a'n llenwi â'th fywyd a'th ddaioni.
Una ni yng Nghrist a rho inni dy dangnefedd
er mwyn inni gyflawni dy waith
  a bod yn gorff iddo ef yn y byd.

Blessed are you, almighty God,
because on the night he was betrayed
the Lord Jesus took bread,
and when he had given you thanks,
he broke it, gave it to his disciples and said,
Take, eat; this is my body
which is given for you:
do this in remembrance of me.
In the same way, after supper he took the cup;
when he had given you thanks
he gave it to them and said,
Drink this, all of you;
this cup is the new covenant in my blood
poured out for you and for many
for the forgiveness of sins:
do this as often as you drink it
in remembrance of me.

[Let us proclaim the mystery of faith:]
Christ has died.
Christ is risen.
Christ will come in glory.

Therefore, loving God,
recalling now the sacrifice of Christ your Son
once for all upon the cross
and the triumph of his resurrection,
we ask you to accept this our sacrifice of praise.

Send your Holy Spirit on us and on these gifts
that we may be fed
  with the body and blood of your Son
and be filled with your life and goodness.
Unite us in Christ and give us your peace
that we may do your work
  and be his body in the world.

Trwyddo ef, gydag ef, ac ynddo ef,
yn undod yr Ysbryd Glân,
Dad hollalluog,
eiddot ti yw'r holl anrhydedd a gogoniant
yn oes oesoedd.
Amen.

Distawrwydd.

Mae'r gwasanaeth yn parhau ar dudalen 76.

Through him, with him, in him,
in the unity of the Holy Spirit
all honour and glory are yours,
almighty Father,
for ever and ever.
Amen.

Silence.

The service continues on page 77.

Gweddi Ewcharistaidd 3

Yr Arglwydd a fo gyda chwi.	*neu*	Y mae'r Arglwydd yma.
A hefyd gyda thi.		**Y mae ei Ysbryd gyda ni.**

Dyrchefwch eich calonnau.
Yr ydym yn eu dyrchafu at yr Arglwydd.

Diolchwn i'r Arglwydd ein Duw.
Iawn yw rhoi ein diolch a'n clod.

Iawn yn wir,
ein dyletswydd a'n llawenydd
bob amser ac ym mhob lle yw rhoi diolch a moliant i ti,
Dad sanctaidd, Frenin nefol, hollalluog a bythfywiol Dduw,
trwy Iesu Grist dy unig Fab ein Harglwydd:

Hepgorir y canlynol pan ddefnyddir rhaglith briod
Ef yw dy Air tragwyddol:
trwyddo ef y creaist y cyfanfyd
a'n llunio ni wŷr a gwragedd ar dy ddelw dy hun.
Anfonaist ef i fod yn Waredwr inni,
wedi ei eni o Fair trwy nerth yr Ysbryd.
Ar y groes estynnodd yn llydan freichiau ei drugaredd,
a'n cofleidio yn ei gariad perffaith,
gan ddinistrio grym drygioni, dioddefaint ac angau.
Ar y dydd cyntaf o'r wythnos
atgyfodaist ef oddi wrth y meirw
gan agor inni ddrws bywyd tragwyddol.
Trwyddo ef rhoddaist inni dy Ysbryd sanctaidd a bywiol,
a gwnaethost ni yn feibion a merched i ti dy hun.

Gellir cynnwys rhaglith briod yma (Atodiad VI).

Eucharistic Prayer 3

The Lord be with you.	*or*	The Lord is here.
And also with you.		**His Spirit is with us.**

Lift up your hearts.
We lift them to the Lord.

Let us give thanks to the Lord our God.
It is right to give our thanks and praise.

It is indeed right,
it is our duty and our joy
at all times and in all places to give you thanks and praise,
holy Father, heavenly King, almighty, everlasting God,
through Jesus Christ your only Son our Lord.

The following is omitted when a proper preface is used

He is your eternal Word:
through him you created the universe
and formed us men and women in your own image.
You sent him to be our Saviour,
born of Mary through the power of the Spirit.
Upon the cross he opened wide his arms of mercy,
embracing us in perfect love,
destroying the power of evil, suffering and death.
On the first day of the week you raised him from the dead
and opened to us the gate of everlasting life.
Through him you have given us
your holy and life-giving Spirit,
and made us your own sons and daughters.

A proper preface may be inserted here (Appendix VI).

Felly, gydag angylion ac archangylion,
a holl gwmpeini'r nef
cyhoeddwn dy enw mawr a gogoneddus,
gan dy foli bob amser a dweud:

Sanctaidd, sanctaidd, sanctaidd Arglwydd,
Duw gallu a nerth,
nef a daear sy'n llawn o'th ogoniant.
Hosanna yn y goruchaf.

Bendigedig yw'r hwn sy'n dyfod yn enw'r Arglwydd
Hosanna yn y goruchaf.

Clyw ni, Dad nefol,
trwy Iesu Grist dy Fab ein Harglwydd.
Trwyddo ef derbyn ein haberth o foliant,
a chaniatâ, trwy nerth dy Ysbryd,
i'r rhoddion hyn o fara a gwin fod i ni
    ei gorff a'i waed ef;
y nos y bradychwyd ef,
cymerodd fara a rhoi diolch i ti;
fe'i torrodd a'i roi i'w ddisgyblion, gan ddweud,
Cymerwch, bwytewch; hwn yw fy nghorff a roddir drosoch.
Gwnewch hyn er cof amdanaf.
Yr un modd, ar ôl swper,
cymerodd y cwpan a rhoi diolch i ti;
fe'i rhoddodd iddynt, gan ddweud,
Yfwch o hwn, bawb;
oherwydd hwn yw fy ngwaed i, gwaed y cyfamod newydd,
a dywelltir drosoch a thros lawer
er maddeuant pechodau.
Gwnewch hyn, bob tro yr yfwch ef,
er cof amdanaf.

[Gadewch inni gyhoeddi dirgelwch y ffydd:]
Bu farw Crist.
Atgyfododd Crist.
Daw Crist mewn gogoniant.

Therefore with angels and archangels
and with all the company of heaven
we proclaim your great and glorious name,
for ever praising you and saying:

Holy, holy, holy Lord,
God of power and might,
heaven and earth are full of your glory.
Hosanna in the highest.

Blessed is he who comes in the name of the Lord.
Hosanna in the highest.

Hear us, heavenly Father,
through Jesus Christ your Son our Lord.
Through him accept our sacrifice of praise,
and grant that, by the power of your Spirit,
these gifts of bread and wine may be for us
    his body and his blood;
who in the same night that he was betrayed
took bread and gave you thanks;
he broke it and gave it to his disciples, saying,
Take, eat; this is my body which is given for you.
Do this in remembrance of me.
In the same way, after supper,
he took the cup and gave you thanks;
he gave it to them, saying,
Drink from this, all of you;
for this is my blood of the new covenant
which is shed for you and for many
for the forgiveness of sins.
Do this, as often as you drink it,
in remembrance of me.

[Let us proclaim the mystery of faith:]
Christ has died.
Christ is risen.
Christ will come in glory.

Felly, O Dad,
gan gofio angau achubol ac atgyfodiad dy Fab,
offrymwn i ti mewn diolch y bara hwn a'r cwpan hwn,
    dy roddion inni,
a diolchwn i ti am ein cyfrif yn deilwng
i sefyll yn dy ŵydd a'th wasanaethu.

Anfon dy Ysbryd Glân ar bawb ohonom
sy'n rhannu'r bara hwn a'r cwpan hwn.
Cryfha ein ffydd, gwna ni'n un
a chroesawa ni a'th holl bobl
    i deyrnas ogoneddus dy Fab.

Trwyddo ef, gydag ef, ac ynddo ef,
yn undod yr Ysbryd Glân
eiddot ti, Dad hollalluog,
yw'r holl anrhydedd a'r gogoniant
yn oes oesoedd.
Amen.

Distawrwydd.

Mae'r gwasanaeth yn parhau ar dudalen 76.

Therefore, Father,
remembering the saving death and resurrection of your Son
we offer to you in thanksgiving this bread and this cup,
your gifts to us,
and we thank you for counting us worthy
to stand in your presence and serve you.

Send your Holy Spirit upon all of us
who share this bread and this cup.
Strengthen our faith, make us one
and welcome us and all your people
into the glorious kingdom of your Son.

Through him, with him, in him,
in the unity of the Holy Spirit
all honour and glory are yours,
almighty Father,
for ever and ever.
Amen.

Silence.

The service continues on page 77.

Gweddi Ewcharistaidd 4

Yr Arglwydd a fo gyda chwi. *neu* Y mae'r Arglwydd yma.
A hefyd gyda thi. **Y mae ei Ysbryd gyda ni.**

Dyrchefwch eich calonnau.
Yr ydym yn eu dyrchafu at yr Arglwydd.

Diolchwn i'r Arglwydd ein Duw.
Iawn yw rhoi ein diolch a'n clod.

Iawn yn wir, ein dyletswydd a'n llawenydd
bob amser ac ym mhob lle
yw diolch i ti, Dad Sanctaidd,
hollalluog a bythfywiol Dduw,
trwy Iesu Grist ein Harglwydd.

Gellir cynnwys rhaglith briod yma (Atodiad VI);
fel arall, ar y Suliau

Naill ai
Gan mai ef yw ein harchoffeiriad mawr,
a'n rhyddhaodd o'n pechodau
ac a'n gwnaeth yn offeiriadaeth frenhinol
yn dy wasanaethu di, ein Duw a'n Tad.
Neu
Sydd trwy ei angau ei hun
wedi dinistrio angau
a thrwy ei atgyfodiad i fywyd
wedi adfer i ni fywyd tragwyddol.

Felly, gyda llu'r angylion
a holl gwmpeini'r nef,
cyhoeddwn ogoniant dy enw
ac ymuno â hwy yn eu hemyn diderfyn o fawl:

Sanctaidd, sanctaidd, sanctaidd Arglwydd,
Duw gallu a nerth,
nef a daear sy'n llawn o'th ogoniant.
Hosanna yn y goruchaf.

Bendigedig yw'r hwn sy'n dyfod yn enw'r Arglwydd.
Hosanna yn y goruchaf.

Eucharistic Prayer 4

The Lord be with you.	*or*	The Lord is here.
And also with you.		**His Spirit is with us.**

Lift up your hearts.
We lift them to the Lord.

Let us give thanks to the Lord our God.
It is right to give our thanks and praise.

It is indeed right, it is our duty and our joy
at all times and in all places
to give you thanks, holy Father,
all-powerful and everliving God,
through Jesus Christ our Lord.

A proper preface may be inserted here (Appendix VI); otherwise, on Sundays

Either

For he is our great high priest
who has freed us from our sins
and has made us a royal priesthood
serving you, our God and Father.

Or

Who by his death
has destroyed death
and by his rising to life again
has restored to us eternal life

And so with the hosts of angels
and all the company of heaven
we proclaim the glory of your name
and join in their unending hymn of praise:

Holy, holy, holy Lord,
God of power and might,
heaven and earth are full of your glory.
Hosanna in the highest.

Blessed is he who comes in the name of the Lord.
Hosanna in the highest.

Pob moliant a diolch i ti, y gwir a'r bywiol Dduw,
Crëwr pob peth, Rhoddwr bywyd.
Lluniaist ni ar dy ddelw dy hun,
ond yr ydym ni wedi difwyno'r ddelw honno
a syrthio'n brin o'th ogoniant.
Rhoddwn ddiolch i ti
am anfon dy Fab i rannu ein bywyd ni;
fe'i hildiaist i farwolaeth fel y câi'r byd ei achub,
a'i atgyfodi oddi wrth y meirw
fel y bo i ni fyw ynddo ef, ac yntau ynom ninnau.

Sancteiddia â'th Ysbryd y bara hwn a'r gwin hwn,
dy roddion inni,
fel y bônt i ni
yn gorff a gwaed ein Hiachawdwr, Iesu Grist.

Y nos y bradychwyd ef, cymerodd fara
ac, wedi rhoi diolch,
fe'i torrodd a'i roi i'w ddisgyblion, gan ddweud,
Cymerwch, bwytewch; hwn yw fy nghorff a roddir drosoch:
gwnewch hyn er cof amdanaf.
Yr un modd ar ôl swper cymerodd y cwpan,
ac, wedi rhoi diolch,
fe'i rhoddodd iddynt, gan ddweud,
Yfwch o hwn bawb,
oherwydd hwn yw fy ngwaed o'r cyfamod newydd
a dywelltir drosoch a thros lawer
er maddeuant pechodau:
gwnewch hyn bob tro yr yfwch ef
er cof amdanaf.

[Gadewch inni gyhoeddi dirgelwch y ffydd:]
Bu farw Crist.
Atgyfododd Crist.
Daw Crist mewn gogoniant.

All praise and thanks to you, true and living God,
Creator of all things, Giver of life.
You formed us in your own image;
but we have marred that image
    and fall short of your glory.
We give you thanks
that you sent your Son to share our life;
you gave him up to death that the world might be saved,
and you raised him from the dead
that we might live in him and he in us.

Sanctify with your Spirit this bread and wine,
    your gifts to us,
that they may be for us
    the body and blood of our Saviour Jesus Christ.

On the night he was betrayed, he took bread,
and when he had given thanks
he broke it and gave it to his disciples, saying,
Take, eat; this is my body which is given for you:
do this in remembrance of me.
In the same way after supper he took the cup,
and when he had given thanks
he gave it to them, saying,
Drink from this, all of you,
for this is my blood of the new covenant
which is shed for you and for many
for the forgiveness of sins:
do this as often as you drink it
in remembrance of me.

[Let us proclaim the mystery of faith:]
Christ has died.
Christ is risen.
Christ will come in glory.

Fel y gorchmynnodd ef inni, O Dad,
yr ydym yn cofio Iesu Grist, dy Fab.
Gan gyhoeddi ei farwolaeth fuddugoliaethus,
a chan ymlawenhau yn ei atgyfodiad,
a disgwyl iddo ddod mewn gogoniant,
deuwn â'r bara hwn a'r cŵpan hwn i ti.

Derbyn ein haberth o ddiolch a moliant.
Adfer ac adfywia dy holl bobl,
adnewydda ni a phawb y gweddïwn trostynt
â'th ras a'th fendith nefol
a derbyn ni yn y diwedd gyda'th holl saint
i'r llawenydd diderfyn hwnnw a addawyd inni gan dy Fab,
ein Harglwydd Iesu Grist.

Trwyddo ef, gydag ef, ynddo ef,
yn undod yr Ysbryd Glân,
eiddot ti, Dad hollalluog,
yw pob anrhydedd a gogoniant,
yn oes oesoedd.
Amen.

Distawrwydd.

Mae'r gwasanaeth yn parhau ar dudalen 76.

As he has commanded us, Father,
we remember Jesus Christ, your Son.
Proclaiming his victorious death,
rejoicing in his resurrection
and waiting for him to come in glory
we bring to you this bread, this cup.

Accept our sacrifice of thanks and praise.
Restore and revive your people,
renew us and all for whom we pray
with your grace and heavenly blessing,
and at the last receive us with all your saints
into that unending joy promised by your Son,
    Jesus Christ our Lord.

Through him, with him, in him,
in the unity of the Holy Spirit
all honour and glory are yours, almighty Father,
for ever and ever.
Amen.

Silence.

The service continues on page 77.

Gweddi Ewcharistaidd 5

Yr Arglwydd a fo gyda chwi. *neu* Y mae'r Arglwydd yma.
A hefyd gyda thi. **Y mae ei Ysbryd gyda ni.**

Dyrchefwch eich calonnau.
Yr ydym yn eu dyrchafu at yr Arglwydd.

Diolchwn i'r Arglwydd ein Duw.
Iawn yw rhoi ein diolch a'n clod.

I ti y perthyn addoliad a mawl, O Dad,
bob amser ac ym mhob lle.
Ti biau bob gallu.
Ti a greodd y nefoedd a sefydlu'r ddaear;
ti sy'n cynnal pob peth sy'n bod.
Yng Nghrist dy Fab y mae ein bywyd ni a'th fywyd dithau
yn cael eu dwyn ynghyd a'u cyfnewid yn rhyfeddol.
Ymgartrefodd ef gyda ni
 fel y bo i ni fyw am byth ynot ti.
Trwy dy Ysbryd Glân
yr wyt yn ein galw i enedigaeth newydd
mewn creadigaeth a adferwyd gan gariad.
Yn blant dy bwrpas achubol cyflwynwn i ti ein mawl,
gydag angylion ac archangylion a chwmpeini'r nef,
gan ganu emyn dy ogoniant diddiwedd:

Sanctaidd, sanctaidd, sanctaidd Arglwydd,
Duw gallu a nerth.
Nef a daear sy'n llawn o'th ogoniant.
Hosanna yn y goruchaf.

Bendigedig yw'r hwn sy'n dyfod yn enw'r Arglwydd.
Hosanna yn y goruchaf.

Eucharistic Prayer 5

The Lord be with you. *or* The Lord is here.
And also with you. **His Spirit is with us.**

Lift up your hearts.
We lift them to the Lord.

Let us give thanks to the Lord our God.
It is right to give our thanks and praise.

Worship and praise belong to you, Father,
in every place and at all times.
All power is yours.
You created the heavens and established the earth;
you sustain in being all that is.
In Christ your Son our life and yours
are brought together in a wonderful exchange.
He made his home among us
that we might for ever dwell in you.
Through your Holy Spirit
you call us to new birth in a creation restored by love.
As children of your redeeming purpose
we offer you our praise,
with angels and archangels and the company of heaven,
singing the hymn of your unending glory:

Holy, holy, holy Lord,
God of power and might.
Heaven and earth are full of your glory.
Hosanna in the highest.

Blessed is he who comes in the name of the Lord.
Hosanna in the highest.

Y gogoniant a'r diolch a fo i ti, Dad cariadus,
am roi dy Fab a anwyd yn gnawd fel ninnau.
Ef yw'r gair sy'n bodoli y tu hwnt i amser,
y ffynhonnell a'r diben terfynol,
sy'n cyfannu popeth a wnaed.
Yn ufudd i'th ewyllys bu farw ar y groes.
Trwy dy allu codaist ef o farw'n fyw.
Torrodd rwymau drygioni a rhyddhau dy bobl
i fod yn gorff iddo ef yn y byd.

Y nos y traddodwyd ef i farwolaeth,
gan wybod fod ei awr wedi dod,
ac wedi caru ei eiddo ei hun, fe'u carodd hyd y diwedd.
Wrth swpera gyda'i ddisgyblion
cymerodd fara a rhoi diolch i ti.
Fe'i torrodd, a'i roi iddynt gan ddweud:
Cymerwch, bwytewch.
Hwn yw fy nghorff: fe'i torrir drosoch chwi.
Ar ôl swper, cymerodd y cwpan;
diolchodd i ti, a'i roi iddynt gan ddweud:
Yfwch hwn, bawb.
Hwn yw fy ngwaed o'r cyfamod newydd,
a dywelltir drosoch, a thros bawb,
    er maddeuant pechodau.
Gwnewch hyn er cof amdanaf.

[Gadewch inni gyhoeddi dirgelwch y ffydd:]
Bu farw Crist.
Atgyfododd Crist.
Daw Crist mewn gogoniant.

Glory and thanksgiving be to you, most loving Father,
for the gift of your Son born in human flesh.
He is the word existing beyond time,
both source and final purpose,
bringing to wholeness all that is made.
Obedient to your will he died upon the cross.
By your power you raised him from the dead.
He broke the bonds of evil and set your people free
to be his body in the world.

On the night when he was given up to death,
knowing that his hour had come,
having loved his own, he loved them to the end.
At supper with his disciples
he took bread and offered you thanks.
He broke the bread, and gave it to them, saying:
Take, eat.
This is my body: it is broken for you.
After supper, he took the cup,
he offered you thanks, and gave it to them saying:
Drink this, all of you.
This is my blood of the new covenant;
it is poured out for you, and for all,
    that sins may be forgiven.
Do this in remembrance of me.

[Let us proclaim the mystery of faith:]
Christ has died.
Christ is risen.
Christ will come in glory.

Ufuddhawn yn awr i orchymyn dy Fab.
Cofiwn ei ddioddefaint bendigedig a'i farwolaeth,
ei atgyfodiad gogoneddus a'i ddyrchafael;
a disgwyliwn am ddyfodiad ei Deyrnas.
Wedi ein huno ag ef, offrymwn i ti y rhoddion hyn
a ninnau gyda hwy, yn un aberth, sanctaidd, a bywiol.

Gwrando ni, drugarocaf Dad,
ac anfon dy Ysbryd Glân arnom
ac ar y bara hwn a'r gwin hwn,
fel, dan gysgod ei allu bywiocaol ef,
y byddant yn gorff a gwaed dy Fab,
ac y bydd i ni gael ein tanio â fflam dy gariad
a'n hadnewyddu i wasanaeth dy Deyrnas.

Cynorthwya ni, a fedyddiwyd i gymdeithas corff Crist
i fyw ac i weithio er mawl a gogoniant i ti;
boed i ni gyd-dyfu mewn undod a chariad
nes yn y diwedd, yn dy greadigaeth newydd,
yr awn i mewn i'n hetifeddiaeth
yng nghwmni'r Forwyn Fair,
yr apostolion a'r proffwydi,
a phob un o'n brodyr a'n chwiorydd,
    y byw a'r ymadawedig,
trwy Iesu Grist ein Harglwydd.

Trwyddo ef, gydag ef, ynddo ef,
yn undod yr Ysbryd Glân,
Dad hollalluog, eiddot ti yw'r holl anrhydedd
    a gogoniant,
yn oes oesoedd.
Amen.

Distawrwydd.

Mae'r gwasanaeth yn parhau ar dudalen 76.

We now obey your Son's command.
We recall his blessed passion and death,
his glorious resurrection and ascension;
and we look for the coming of his Kingdom.
Made one with him, we offer you these gifts
and with them ourselves, a single, holy, living sacrifice.

Hear us, most merciful Father,
and send your Holy Spirit upon us
and upon this bread and wine,
that, overshadowed by his life-giving power,
they may be the body and blood of your Son,
and we may be kindled with the fire of your love
and renewed for the service of your Kingdom.

Help us, who are baptized into the fellowship
of Christ's body
to live and work to your praise and glory;
may we grow together in unity and love
until at last, in your new creation,
we enter into our heritage
in the company of the Virgin Mary,
the apostles and prophets,
and of all our brothers and sisters living and departed,
through Jesus Christ our Lord.

Through him, with him, in him,
in the unity of the Holy Spirit
all honour and glory are yours, almighty Father,
for ever and ever.
Amen.

Silence.

The service continues on page 77.

Gweddi Ewcharistaidd 6

Addas i'w defnyddio pan fo nifer sylweddol o blant o dan 7 oed yn bresennol.

Yr Arglwydd a fo gyda chwi. *neu* Y mae'r Arglwydd yma.
A hefyd gyda thi. **Y mae ei Ysbryd gyda ni.**

Dyrchefwch eich calonnau.
Yr ydym yn eu dyrchafu at yr Arglwydd.

Diolchwn i'r Arglwydd ein Duw.
Iawn yw rhoi ein diolch a'n clod.

Diolch i ti, o Dad,
am ein gwneud ni a'r byd sy'n llawn rhyfeddod.
Lle bynnag yr ydym ni yn dy fyd di,
fe ddylem bob amser ddiolch i ti,
trwy Iesu Grist, dy Fab.

[Fe fu Iesu yn byw fel un ohonom ni;
Fe fu Iesu farw ar y Groes trosom ni;
Mae Iesu'n fyw am i ti roi bywyd iddo unwaith eto;
Mae Iesu gyda ni yn awr.]

Felly, gyda'r angylion a phawb yn y nefoedd,
adroddwn / canwn gyda'n gilydd:

Sanctaidd, sanctaidd, sanctaidd Arglwydd,
Duw gallu a nerth,
Nef a daear sy'n llawn o'th ogoniant.
Hosanna yn y goruchaf.

Bendigedig yw'r hwn sy'n dod yn enw'r Arglwydd.
Hosanna yn y goruchaf.

Eucharistic Prayer 6

Suitable for use when a significant number of children under 7 years is present.

The Lord be with you. **And also with you.**	*or*	The Lord is here. **His Spirit is with us.**

Lift up your hearts.
We lift them to the Lord.

Let us give thanks to the Lord our God.
It is right to give our thanks and praise.

Thank you, Father,
for making us and our wonderful world.
Wherever we are in your world,
we should always thank you,
through Jesus, your Son.

[Jesus lived as one of us;
Jesus died on the cross for us;
Jesus is alive because you gave him life again;
Jesus is with us now.]

So, with the angels and everyone in heaven,
we *say / sing* together:

Holy, holy, holy Lord,
God of power and might,
Heaven and earth are full of your glory.
Hosanna in the highest.

Blessed is he who comes in the name of the Lord.
Hosanna in the highest.

O Dad mawr a rhyfeddol,
cofiwn pan gafodd Iesu swper gyda'i ffrindiau
y noson cyn ei farw,
fe gymerodd y bara a diolch i ti,
fe'i torrodd, a'i roi i'w ffrindiau a dweud:
Cymerwch hwn a'i fwyta – dyma fy nghorff,
a roddir trosoch chwi.
Gwnewch hyn i gofio amdanaf.
Ar ôl swper, fe gymerodd Iesu y cwpan gwin;
diolchodd i ti, a'i roi i'w ffrindiau a dweud:
Yfwch o'r cwpan hwn bob un ohonoch,
am mai hwn yw fy ngwaed –
yr addewid newydd o gariad Duw.
Gwnewch hyn bob tro yr yfwch ef
i gofio amdanaf.

Gyda'n gilydd cofiwn fod Iesu bob amser gyda ni
a dweud / a chanu:
Bu farw Crist.
Atgyfododd Crist.
Daw Crist mewn gogoniant.

Felly, Dad cariadus,
gan gofio cymaint y carodd Iesu ni,
fe ddylem ninnau ei garu ef.
Anfon dy Ysbryd Glân, yn dirion fel colomen,
arnom ni ac ar y rhoddion hyn,
fel y gallwn ni, a phob un sy'n bwyta'r
bara hwn ac yn yfed y gwin hwn,
corff a gwaed Iesu,
fod yn llawn o'th fywyd a'th ddaioni.
Helpa ni i gyd i gerdded law yn llaw â Iesu
ac i fyw ein bywydau er ei fwyn ef.

Ti, O Dad, biau bob anrhydedd a gogoniant,
trwy Iesu, dy Fab,
a'r Ysbryd Glân:
yn un Duw, yn oes oesoedd.
Amen.

Distawrwydd.

Trown i dudalen 76.

Great and wonderful Father,
we remember when Jesus had supper with his friends
the night before he died,
he took the bread;
he thanked you, broke it, gave it to his friends and said:
Take this and eat it – this is my body, given for you.
Do this to remember me.
After supper, Jesus took the cup of wine;
he thanked you, gave it to his friends and said:
All of you drink from this cup,
because this is my blood –
the new promise of God's love.
Do this every time you drink it
to remember me.

Together we remember that Jesus is always with us
and *say / sing:*
Christ has died.
Christ is risen.
Christ will come in glory.

So loving Father,
remembering how dearly Jesus loves us,
we should love him too.
Send your Holy Spirit, gentle as a dove,
on us and on these gifts,
so that, with everyone who eats and drinks
this bread and wine,
the body and blood of Jesus,
we may be full of your life and goodness.
Help us all to walk hand in hand with Jesus
and live our lives for him.

All honour and glory belong to you, Father,
through Jesus, your Son,
with the Holy Spirit:
one God, for ever and ever.
Amen.

Silence.

Now we turn to page 77.

Gweddi Ewcharistaidd 7

Addas i'w defnyddio pan fo nifer sylweddol o blant rhwng 7 ac 11 oed yn bresennol.

Yn lle'r Rhaglith Briod [Trwyddo ef fe'n gwnaethost ni …], gall tri neu bedwar plentyn bob un ddarllen yn uchel frawddeg fer o ddiolchgarwch am gariad Duw yng Nghrist.

Yr Arglwydd a fo gyda chwi. *neu* Y mae'r Arglwydd yma.
A hefyd gyda thi. **Y mae ei Ysbryd gyda ni.**

Dyrchefwch eich calonnau.
Yr ydym yn eu dyrchafu at yr Arglwydd.

Diolchwn i'r Arglwydd ein Duw.
Iawn yw rhoi ein diolch a'n clod.

Y mae bob amser yn iawn,
lle bynnag y byddwn ni,
i roi diolch a moliant i ti,
Dduw ein Tad a'n Brenin am byth,
trwy Iesu Grist, dy Fab.

[Trwyddo ef fe'n gwnaethost ni a'r bydysawd cyfan.
Pan ddaeth dy Ysbryd Glân at Mair,
fe anwyd Iesu yn un ohonom ni.
Fe'n carodd ni gymaint fel iddo farw trosom ni;
ar Ddydd y Pasg codaist ef o farw'n fyw;
gan goncro marwolaeth a drygioni am byth.
Ar y Pentecost, rhoddaist yr Ysbryd Glân,
fel yr addawodd Iesu,
i'n helpu ni i fyw yn blant i ti.]

Eucharistic Prayer 7

Suitable for use when a significant number of 7–11 year-olds is present.

In place of the Proper Preface [Through him you made us ...], three or four children may each read out a brief sentence of thanksgiving for the love of God in Christ.

The Lord be with you. **And also with you.**	*or*	The Lord is here. **His Spirit is with us.**

Lift up your hearts.
We lift them to the Lord.

Let us give thanks to the Lord our God.
It is right to give our thanks and praise.

It is always right,
wherever we are,
to thank you and to praise you,
God our Father and King for ever,
through Jesus Christ, your Son.

[Through him you made us and the whole universe.
When your Holy Spirit came to Mary,
Jesus was born as one of us.
He loved us so much that he died for us;
on the first Easter Day you raised him to life;
and death and evil were conquered for ever.
At Pentecost, you gave the Holy Spirit,
as Jesus promised,
to help us to live as your children.]

Felly, yma ar y ddaear,
a chyda'r angylion a'r archangylion
a phawb yn y nefoedd
moliannwn dy enw *a dweud / a chanu:*

Sanctaidd, sanctaidd, sanctaidd Arglwydd,
Duw gallu a nerth,
Nef a daear sy'n llawn o'th ogoniant.
Hosanna yn y goruchaf.

Bendigedig yw'r hwn sy'n dod yn enw'r Arglwydd.
Hosanna yn y goruchaf.

O Dad yn y nefoedd,
gwrando'r weddi a gyflwynwn yn enw Iesu;
trwy nerth yr Ysbryd Glân, yn dirion fel colomen,
bydded y bara hwn a'r gwin hwn i ni
yn gorff a gwaed Iesu.

O Dad, cofiwn
pan gafodd Iesu swper gyda'i ffrindiau
y noson cyn ei farw,
fe gymerodd y bara, a diolch i ti;
fe'i torrodd, a'i roi i'w ffrindiau a dweud:
Cymerwch hwn a'i fwyta – dyma fy nghorff,
a roddir drosoch chi.
Gwnewch hyn i gofio amdanaf.
Ar ôl swper, fe gymerodd Iesu y cwpan gwin;
diolchodd i ti, a'i roi i'w ffrindiau a dweud:
Yfwch o'r cwpan hwn bob un ohonoch,
am mai hwn yw fy ngwaed –
yr addewid newydd o gariad Duw.
Gwnewch hyn bob tro yr yfwch ef
i gofio amdanaf.

Gyda'n gilydd cofiwn fod Iesu bob amser gyda ni
a dweud / a chanu:
Bu farw Crist.
Atgyfododd Crist.
Daw Crist mewn gogoniant.

So here on earth,
with the angels and archangels
and with everyone in heaven
we praise your name and *say / sing:*

Holy, holy, holy Lord,
God of power and might,
Heaven and earth are full of your glory.
Hosanna in the highest.

Blessed is he who comes in the name of the Lord.
Hosanna in the highest.

Father in heaven,
listen to the prayer we make in Jesus' name;
through the Holy Spirit's power, gentle as a dove,
may this bread and this wine be for us
    Jesus' body and blood.

Father, we remember
when Jesus had supper with his friends
the night before he died,
he took the bread;
he thanked you, broke it, gave it to his friends and said:
Take this and eat it – this is my body,
    given for you.
Do this to remember me.
After supper, Jesus took the cup of wine;
he thanked you, gave it to his friends and said:
All of you drink from this cup,
    because this is my blood –
the new promise of God's love.
Do this every time you drink it
to remember me.

Together we remember that Jesus is always with us
    and *say / sing:*
Christ has died.
Christ is risen.
Christ will come in glory.

O Dad, wrth inni gofio dy Fab, Iesu Grist,
a fu farw ar y Groes ac a atgyfododd,
offrymwn i ti y rhoddion hyn,
    a'r holl roddion yr wyt ti'n eu rhoi
    mor hael inni.
Anfon dy Ysbryd Glân i fod gyda ni
a phawb sy'n rhannu'r bara hwn ac yn yfed o'r cwpan hwn.
Helpa ni i ymddiried ynot ti,
tyrd â ni'n nes at ein gilydd a'n croesawu
gyda dy holl bobl
i deyrnas ogoneddus Iesu.

Ti, o Dad, biau bob anrhydedd a gogoniant,
trwy Iesu, dy Fab,
gyda'r Ysbryd Glân:
yn un Duw, yn oes oesoedd.
Amen.

Distawrwydd.

Trown i dudalen 76.

Father, as we remember your Son, Jesus Christ,
who died on the cross and rose again,
we offer you these and all the gifts
    you freely give to us.
Send your Holy Spirit to be with us
and all who share this bread
    and drink from this cup.
Help us to trust you,
bring us closer together and welcome us,
with all your people,
into Jesus' glorious kingdom.

All honour and glory belong to you, Father,
through Jesus, your Son,
with the Holy Spirit:
one God, for ever and ever.
Amen.

Silence.

We turn to page 77.

Naill ai

Gweddïwn yn hyderus ar y Tad:

Ein Tad yn y nefoedd,
sancteiddier dy enw,
deled dy deyrnas,
gwneler dy ewyllys,
ar y ddaear fel yn y nef.
Dyro inni heddiw ein bara beunyddiol;
a maddau inni ein troseddau,
fel yr ŷm ni wedi maddau
i'r rhai a droseddodd yn ein herbyn;
a phaid â'n dwyn i brawf,
ond gwared ni rhag yr Un drwg.

Oherwydd eiddot ti yw'r deyrnas
a'r gallu a'r gogoniant
am byth.
Amen.

Neu

Fel y dysgodd ein Hiachawdwr ni, gweddïwn yn hyderus:

Ein Tad,
yr hwn wyt yn y nefoedd,
sancteiddier dy enw,
deled dy deyrnas,
gwneler dy ewyllys;
megis yn y nef, felly ar y ddaear hefyd.
Dyro i ni heddiw ein bara beunyddiol
a maddau i ni ein dyledion,
fel y maddeuwn ninnau i'n dyledwyr.
Ac nac arwain ni i brofedigaeth;
eithr gwared ni rhag drwg.

Canys eiddot ti yw'r deyrnas,
a'r gallu, a'r gogoniant,
yn oes oesoedd.
Amen.

Either

Let us pray with confidence to the Father:

Our Father in heaven,
hallowed be your name,
your kingdom come,
your will be done,
on earth as in heaven.
Give us today our daily bread.
Forgive us our sins
as we forgive those
who sin against us.
Save us from the time of trial
and deliver us from evil.

For the kingdom, the power
and the glory are yours,
now and for ever.
Amen.

Or

As our Saviour taught us, we boldly pray:

Our Father who art in heaven,
hallowed be thy name,
thy kingdom come,
thy will be done,
on earth as it is in heaven.
Give us this day our daily bread.
And forgive us our trespasses
as we forgive those
who trespass against us.
And lead us not into temptation,
but deliver us from evil.

For thine is the kingdom,
the power and the glory,
for ever and ever.
Amen.

6 *Y CYMUN*

Mae'r offeiriad yn torri'r bara.

Naill ai

Yr ydym yn torri'r bara hwn i rannu yng Nghorff Crist.
A ninnau'n llawer, un corff ydym,
gan ein bod ni oll yn rhannu'r un bara.

Neu

Bob tro bwytawn y bara hwn ac yr yfwn y cwpan hwn
yr ydym yn cyhoeddi marwolaeth yr Arglwydd
hyd nes y daw.

Gellir defnyddio'r anthem hon yma neu adeg y cymun.

Naill ai

Iesu, Oen Duw:
trugarha wrthym.

Iesu, sy'n dwyn ein pechodau:
trugarha wrthym.

Iesu, iachawdwr y byd:
dyro inni dy dangnefedd.

Neu

Oen Duw,
sy'n dwyn ymaith bechodau'r byd:
trugarha wrthym.

Oen Duw,
sy'n dwyn ymaith bechodau'r byd:
trugarha wrthym.

Oen Duw,
sy'n dwyn ymaith bechodau'r byd:
dyro inni dangnefedd.

6 *THE COMMUNION*

The priest breaks the bread.

Either

We break this bread to share in the body of Christ.
Though we are many, we are one body
for we all share in one bread.

Or

Every time we eat this bread and drink of this cup
we proclaim the Lord's death until he comes.

This anthem may be used here or during the communion.

Either

Jesus, Lamb of God:
have mercy on us.

Jesus, bearer of our sins:
have mercy on us.

Jesus, redeemer of the world:
give us your peace.

Or

Lamb of God,
you take away the sins of the world:
have mercy on us.

Lamb of God,
you take away the sins of the world:
have mercy on us.

Lamb of God,
you take away the sins of the world:
grant us peace.

Un o'r gwahoddiadau canlynol

Rhoddion sanctaidd Duw ar gyfer pobl sanctaidd Duw.
Y mae Iesu Grist yn sanctaidd,
y mae Iesu Grist yn Arglwydd,
er gogoniant Duw Dad.

Neu Iesu yw Oen Duw
sy'n dwyn ymaith bechodau'r byd.
Gwyn eu byd y rhai a elwir i'w swper.
Arglwydd, nid wyf yn deilwng i'th dderbyn,
ond dywed y gair a chaf fy iacháu.

Neu Dewch, derbyniwn gorff a gwaed ein Harglwydd Iesu Grist, a roddwyd drosom, ac ymborthwn arno yn ein calonnau trwy ffydd gan roi diolch.

Neu yn nhymor y Pasg
Alelwia. Crist, ein Pasg, a aberthwyd drosom ni.
Felly, gadewch i ni gadw'r ŵyl. Alelwia

Mae'r offeiriad a'r bobl yn derbyn y cymun.

Gweinyddir y sacrament gyda'r geiriau hyn

Corff Crist a'th gadwo yn y bywyd tragwyddol. **Amen.**
Neu Corff Crist, bara'r bywyd. **Amen.**
Neu Corff Crist. **Amen.**

Gwaed Crist a'th gadwo yn y bywyd tragwyddol. **Amen.**
Neu Gwaed Crist, y wir winwydden. **Amen.**
Neu Gwaed Crist. **Amen.**

Gellir bendithio'r rhai nad ydynt yn cymuno.

Ceir ffurf ar gyfer cysegriad ychwanegol yn Atodiad VII.

Ar ôl y cymun, gellir darllen brawddeg addas o Ysgrythur a ddarllenwyd wrth Gyhoeddi'r Gair.

Cedwir distawrwydd.

Gellir canu emyn.

Bwyteir ac yfir unrhyw fara a gwin cysegredig nas neilltuir ar gyfer cymun cadw.

One of the following invitations

God's holy gifts for God's holy people.
Jesus Christ is holy,
Jesus Christ is Lord,
to the glory of God the Father.

Or Jesus is the Lamb of God
who takes away the sins of the world.
Happy are those who are called to his supper.
Lord, I am not worthy to receive you,
but only say the word and I shall be healed.

Or Come, let us receive the body and blood of our Lord Jesus Christ, given for us, and feed on him in our hearts by faith with thanksgiving.

Or in Eastertide
Alleluia. Christ our passover is sacrificed for us.
Therefore let us keep the feast. Alleluia.

The priest and people receive the communion.

The sacrament is administered with these words

The body of Christ keep you in eternal life. **Amen.**
Or The body of Christ, the bread of life. **Amen.**
Or The body of Christ. **Amen.**

The blood of Christ keep you in eternal life. **Amen.**
Or The blood of Christ, the true vine. **Amen.**
Or The blood of Christ. **Amen.**

Non-communicants may be given a blessing.

A form for additional consecration is provided in Appendix VII.

After the communion, an appropriate sentence of Scripture from the Proclamation of the Word may be read.

Silence is kept.

A hymn may be sung.

Any consecrated bread and wine which is not to be reserved for purposes of communion is consumed.

7 *YR ANFON ALLAN*

Diolchwch i'r Arglwydd, oherwydd graslon yw ef:
ei gariad sy'n dragywydd.

Defnyddir gweddi ôl-gymun ynghyd ag / neu un o'r gweddïau canlynol

Diolchwn i ti, ein Tad,
am ein porthi â chorff a gwaed dy Fab
yn y sacrament sanctaidd hwn,
y cawn trwyddo sicrwydd
o'r gobaith am fywyd tragwyddol.
Offrymwn ein hunain yn aberth bywiol i ti.
Cadw ni yng nghymdeithas ei gorff, yr Eglwys,
ac anfon ni allan yn nerth dy Ysbryd
i fyw ac i weithio er mawl a gogoniant i ti. Amen.

Neu

O Dduw haelionus,
porthaist ni wrth dy fwrdd nefol.
Ennyn ynom fflam dy Ysbryd,
fel pan ddaw'r Arglwydd drachefn
y cawn ddisgleirio fel goleuadau o'i flaen ef,
sy'n byw ac yn teyrnasu,
mewn gogoniant am byth. Amen.

Neu

Dduw tragwyddol,
cysur y gorthrymedig ac iachäwr y drylliedig,
porthaist ni wrth fwrdd bywyd a gobaith.
Dysg inni lwybrau addfwynder a thangnefedd,
er mwyn i'r holl fyd gydnabod
teyrnas dy Fab,
Iesu Grist, ein Harglwydd. Amen.

Neu

Dduw'r gwirionedd,
yr ydym wedi gweld â'n llygaid
a chyffwrdd â'n dwylo fara'r bywyd.
Cryfha ein ffydd
fel y tyfwn mewn cariad atat ti,
ac at ein gilydd,
trwy Iesu Grist, ein Harglwydd atgyfodedig. Amen.

7 *THE SENDING OUT*

Give thanks to the Lord for he is gracious:
his love is everlasting.

A post-communion prayer and/or one of the following prayers is used

**We thank you, Father,
for feeding us with the body and blood of your Son
in this holy sacrament,
through which we are assured
of the hope of eternal life.
We offer ourselves to you as a living sacrifice.
Keep us in the fellowship of his body, the Church,
and send us out in the power of your Spirit
to live and work to your praise and glory. Amen.**

Or

**Generous God,
you have fed us at your heavenly table.
Kindle us with the fire of your Spirit
that when the Lord comes again
we may shine as lights before him,
who is alive and reigns
in glory for ever. Amen.**

Or

**Eternal God,
comfort of the afflicted and healer of the broken,
you have fed us at the table of life and hope:
teach us the ways of gentleness and peace,
that all the world may acknowledge
the kingdom of your Son,
Jesus Christ our Lord. Amen.**

Or

**God of truth,
we have seen with our eyes
and touched with our hands the bread of life.
Strengthen our faith
that we may grow in love for you
and for each other,
through Jesus Christ, our risen Lord. Amen.**

Yr Arglwydd a fo gyda chwi.
A hefyd gyda thi.

Gellir ychwanegu ffurf briodol ar gyfer yr anfon allan. (Atodiad VIII*).*

Ewch mewn tangnefedd i garu a gwasanaethu'r Arglwydd.
Yn enw Crist. Amen.

Neu yn nhymor y Pasg

Ewch mewn tangnefedd i garu a gwasanaethu'r Arglwydd.
Alelwia! Alelwia!
Yn enw Crist.
Alelwia! Alelwia!

The Lord be with you.
And also with you.

An appropriate dismissal (Appendix VIII) may be added

Go in peace to love and serve the Lord.
In the name of Christ. Amen.

Or in Eastertide

Go in peace to love and serve the Lord.
Alleluia! Alleluia!
In the name of Christ.
Alleluia! Alleluia!

ATODIADAU

i *Y GORCHMYNION, CRYNODEB O'R GYFRAITH, GEIRIAU SICRWYDD A'R KYRIAU*

GORCHMYNION

Dywedodd ein Harglwydd Iesu Grist,
Os ydych yn fy ngharu i, cadwch fy ngorchmynion;
gwyn eu byd y rhai sy'n clywed gair Duw ac yn ei gadw.

Myfi yw'r Arglwydd dy Dduw:
na chymer iti dduwiau eraill ar wahân i mi.
Amen.
Câr yr Arglwydd dy Dduw â'th holl galon ac â'th holl enaid
ac â'th holl feddwl ac â'th holl nerth.
Arglwydd, trugarha.

Na wna iti ddelw o unrhyw beth na'i addoli.
Amen.
Ysbryd yw Duw, a rhaid i'w addolwyr ef addoli mewn
ysbryd a gwirionedd.
Arglwydd, trugarha.

Na chymer enw'r Arglwydd dy Dduw yn ofer.
Amen.
Addola ef â pharch ac ofn duwiol.
Arglwydd, trugarha.

Cofia ddydd yr Arglwydd a'i gadw'n gysegredig.
Amen.
Y mae Crist wedi ei gyfodi oddi wrth y meirw:
rho dy fryd ar y pethau sydd uchod.
Arglwydd, trugarha.

Anrhydedda dy dad a'th fam.
Amen.
Rhaid iti fyw fel caethwas i Dduw;
rho barch i bawb, câr dy frodyr a'th chwiorydd yn y ffydd.
Arglwydd, trugarha.

APPENDICES

i THE COMMANDMENTS, SUMMARY OF THE LAW, WORDS OF ASSURANCE AND KYRIES

COMMANDMENTS

Our Lord Jesus Christ said,
If you love me, keep my commandments;
happy are those who hear the word of God and keep it.

I am the Lord your God:
you shall have no other gods but me.
Amen.
Love the Lord your God with all your heart, with all your soul, with all your mind and with all your strength.
Lord, have mercy.

You shall not make an idol of anything and worship it.
Amen.
God is spirit, and those who worship him must worship in spirit and in truth.
Lord, have mercy.

You shall not dishonour the name of the Lord your God.
Amen.
You shall worship him with reverence and awe.
Lord, have mercy.

Remember the Lord's day and keep it holy.
Amen.
Christ is risen from the dead:
set your mind on things that are above.
Lord, have mercy.

Honour your father and your mother.
Amen.
Live as servants of God; honour all humanity;
love your Christian brothers and sisters.
Lord, have mercy.

Na lofruddia.
Amen.
Gwna gymod os bydd gan rywun gŵyn yn dy erbyn; trecha di ddrygioni â daioni.
Arglwydd, trugarha.

Na odineba.
Amen.
Gwybydd fod dy gorff yn deml i'r Ysbryd Glân.
Arglwydd, trugarha.

Na ladrata.
Amen.
Bydd yn onest yn y cyfan a wnei
a gofala am y rhai sydd mewn angen.
Arglwydd, trugarha.

Na ddwg gamdystiolaeth.
Amen.
Dyweded pawb y gwir mewn cariad.
Arglwydd, trugarha.

Na chwennych eiddo neb.
Amen.
Dedwyddach yw rhoi na derbyn.
Arglwydd, trugarha.

Câr dy gymydog fel ti dy hun, oherwydd cariad yw cyflawniad y gyfraith.
Amen.

Bydd y gyffes yn dilyn.

You shall not commit murder.
Amen.
Make peace with anyone who has a grievance against you; overcome evil with good.
Lord, have mercy.

You shall not commit adultery.
Amen.
Know that your body is a temple of the Holy Spirit.
Lord, have mercy.

You shall not steal.
Amen.
Be honest in all that you do
and care for those in need.
Lord, have mercy.

You shall not give false evidence.
Amen.
Let everyone speak the truth in love.
Lord, have mercy.

You shall not covet the possessions of others.
Amen.
It is more blessed to give than to receive.
Lord, have mercy.

Love your neighbour as yourself, for love is the fulfilling of the law.
Amen.

The confession follows.

Y CRYNODEB O'R GYFRAITH

Dywedodd ein Harglwydd Iesu Grist,

Y gorchymyn cyntaf yw:
'Gwrando, O Israel, yr Arglwydd ein Duw yw'r unig Arglwydd, a châr yr Arglwydd dy Dduw â'th holl galon ac â'th holl enaid ac â'th holl feddwl
ac â'th holl nerth.'

Yr ail yw hwn: 'Câr dy gymydog fel ti dy hun.'

Nid oes gorchymyn arall mwy na'r rhain.
Ar y ddau orchymyn hyn y mae'r holl gyfraith a'r proffwydi yn dibynnu.

Amen. Arglwydd, trugarha.

Bydd y gyffes yn dilyn.

GEIRIAU SICRWYDD

Gellir darllen un neu fwy o'r brawddegau hyn naill ai i gyflwyno'r distawrwydd cyn y gyffes neu ar ôl y gollyngdod:

Dywedodd ein Harglwydd Iesu Grist, Dewch ataf fi, bawb sy'n flinedig ac yn llwythog, ac fe roddaf fi orffwystra i chwi. *Mathew 11: 28*

Carodd Duw y byd gymaint nes iddo roi ei unig Fab, er mwyn i bob un sy'n credu ynddo ef beidio â mynd i ddistryw ond cael bywyd tragwyddol. *Ioan 3: 16*

A dyma air i'w gredu, sy'n teilyngu derbyniad llwyr: Daeth Crist Iesu i'r byd i achub pechaduriaid.
1 Timotheus 1: 15

Os bydd i rywun bechu, y mae gennym Eiriolwr gyda'r Tad, sef Iesu Grist, y cyfiawn; ac ef sy'n foddion ein puredigaeth oddi wrth ein pechodau. *1 Ioan 2: 1*

THE SUMMARY OF THE LAW

Our Lord Jesus Christ said,

The first commandment is this:
'Hear, O Israel, the Lord our God is the only Lord.
You shall love the Lord your God with all your heart,
with all your soul, with all your mind,
and with all your strength.'

The second is this: 'Love your neighbour as yourself.'

There is no other commandment greater than these.
On these two commandments hang all the law and the prophets.

Amen. Lord have mercy.

The confession follows.

WORDS OF ASSURANCE

One or more of these sentences may be read either to introduce the silence before the confession or after the absolution:

Our Lord Jesus Christ said, Come to me, all whose work is hard, whose load is heavy; and I will give you rest.
Matthew 11: 28

God loved the world so much that he gave his only Son, that everyone who believes in him may not die but have eternal life. *John 3: 16*

This is a true saying, to be completely accepted and believed: Christ Jesus came into the world to save sinners. *1 Timothy 1: 15*

When anyone sins, we have an advocate to plead with the Father for us: Jesus Christ, the righteous one, by whom our sins are forgiven. *1 John 2: 1*

KYRIAU

Gellir defnyddio un o'r Kyriau estynedig hyn yn lle'r gyffes. Pan wneir hyn, dylid cadw distawrwydd cyn y Kyrie ar gyfer hunan-ymholi a dilynnir y Kyrie ar unwaith gan y gollyngdod.

Naill ai

Arglwydd Iesu, daethost i'n cymodi â'n gilydd ac â'r Tad.
Arglwydd, trugarha.
Arglwydd, trugarha.

Arglwydd Iesu, yr wyt yn iacháu
clwyfau pechod ac ymraniad.
Crist, trugarha.
Crist, trugarha.

Arglwydd Iesu, yr wyt yn ymbil trosom ar dy Dad.
Arglwydd, trugarha.
Arglwydd, trugarha.

Neu

Arglwydd Iesu, dangosaist inni'r ffordd at y Tad.
Arglwydd, trugarha.
Arglwydd, trugarha.

Arglwydd Iesu, rhoddaist inni wybodaeth o'th wirionedd.
Crist, trugarha.
Crist, trugarha.

Arglwydd Iesu, ti yw'r bugail da sydd yn ein
tywys i fywyd.
Arglwydd, trugarha.
Arglwydd, trugarha.

KYRIES

One of these expanded Kyries may be used instead of the confession. When this is done, the Kyrie should be preceded by silence for self-examination and followed immediately by the absolution.

Either

Lord Jesus, you came to reconcile us
to one another and to the Father.
Lord, have mercy.
Lord, have mercy.

Lord Jesus, you heal the wounds of sin and division.
Christ, have mercy.
Christ, have mercy.

Lord Jesus, you intercede for us with your Father.
Lord, have mercy.
Lord, have mercy.

Or

Lord Jesus, you have shown us the way to the Father.
Lord, have mercy.
Lord, have mercy.

Lord Jesus, you have given us knowledge of your truth.
Christ, have mercy.
Christ, have mercy.

Lord Jesus, you are the good shepherd
leading us into life.
Lord, have mercy.
Lord, have mercy.

Y Deyrnas a'r Adfent

Arglwydd Iesu, daethost i gasglu'r cenhedloedd
i deyrnas dy dangnefedd.
Arglwydd, trugarha.
Arglwydd, trugarha.

Arglwydd Iesu, yr wyt yn dod mewn gair a sacrament
i'n cryfhau mewn sancteiddrwydd.
Crist, trugarha.
Crist, trugarha.

Arglwydd Iesu, byddi'n dod mewn gogoniant
i farnu'r byw a'r meirw.
Arglwydd, trugarha.
Arglwydd, trugarha.

Y Nadolig a'r Ystwyll

Arglwydd Iesu, y Duw cadarn, Tywysog tangnefedd,
Arglwydd, trugarha.
Arglwydd, trugarha.

Arglwydd Iesu, Mab Duw a Mab Mair,
Crist, trugarha.
Crist, trugarha.

Arglwydd Iesu, y Gair a wnaed yn gnawd,
gogoniant y Tad,
Arglwydd, trugarha.
Arglwydd, trugarha.

Kingdom and Advent

Lord, Jesus, you came to gather the nations
into your kingdom of peace.
Lord, have mercy.
Lord, have mercy.

Lord Jesus, you come in word and sacrament
to strengthen us in holiness.
Christ, have mercy.
Christ, have mercy.

Lord Jesus, you will come in glory
to judge the living and the dead.
Lord, have mercy.
Lord, have mercy.

Christmas and Epiphany

Lord Jesus, mighty God and Prince of peace,
Lord, have mercy.
Lord, have mercy.

Lord Jesus, Son of God and Son of Mary,
Christ have mercy.
Christ have mercy.

Lord Jesus, Word made flesh
and splendour of the Father,
Lord, have mercy.
Lord, have mercy.

Y Garawys

Arglwydd Iesu, fe'th anfonwyd i iacháu'r rhai edifeiriol.
Arglwydd, trugarha.
Arglwydd, trugarha.

Arglwydd Iesu, daethost i alw pechaduriaid.
Crist, trugarha.
Crist, trugarha.

Arglwydd Iesu, yr wyt yn ymbil trosom
ar ddeheulaw'r Tad.
Arglwydd, trugarha.
Arglwydd, trugarha.

Tymor y Pasg

Arglwydd Iesu, yr wyt yn atgyfodi'r meirw
i fywyd yn yr Ysbryd.
Arglwydd, trugarha.
Arglwydd, trugarha.

Arglwydd Iesu, yr wyt yn dwyn maddeuant
a thangnefedd i bechadur.
Crist, trugarha.
Crist, trugarha.

Arglwydd Iesu, yr wyt yn rhoi goleuni
i'r rhai sydd mewn tywyllwch.
Arglwydd, trugarha.
Arglwydd, trugarha.

Lent

Lord Jesus, you were sent to heal the contrite.
Lord, have mercy.
Lord, have mercy.

Lord Jesus, you came to call sinners.
Christ, have mercy.
Christ, have mercy.

Lord Jesus, you plead for us
at the right hand of the Father.
Lord, have mercy.
Lord, have mercy.

Eastertide

Lord Jesus, you raise the dead
to life in the Spirit.
Lord, have mercy.
Lord, have mercy.

Lord Jesus, you bring pardon and peace
to the sinner.
Christ, have mercy.
Christ, have mercy.

Lord Jesus, you give light
to those in darkness.
Lord, have mercy.
Lord, have mercy.

ii CREDOAU

CREDO'R APOSTOLION

**Credaf yn Nuw, y Tad hollalluog,
creadwr nefoedd a daear.**

**Credaf yn Iesu Grist, ei unig Fab, ein Harglwydd ni.
Fe'i cenhedlwyd trwy rym yr Ysbryd Glân
a'i eni o'r Wyryf Mair.
Dioddefodd dan Pontius Pilat,
fe'i croeshoeliwyd, bu farw, ac fe'i claddwyd.
Disgynnodd i blith y meirw.
Ar y trydydd dydd fe atgyfododd.
Fe esgynnodd i'r nefoedd,
ac y mae'n eistedd ar ddeheulaw'r Tad.
Fe ddaw drachefn i farnu'r byw a'r meirw.**

**Credaf yn yr Ysbryd Glân,
yr Eglwys Lân Gatholig,
cymundeb y saint,
maddeuant pechodau,
atgyfodiad y corff
a'r bywyd tragwyddol. Amen.**

Gellir defnyddio'r canlynol yn lle Credo Nicea neu Gredo'r Apostolion

**Yr wyf yn credu ac yn ymddiried yn Nuw Dad,
a greodd bopeth sydd.**

**Yr wyf yn credu ac yn ymddiried yn ei Fab Iesu Grist,
a brynodd ddynolryw.**

**Yr wyf yn credu ac yn ymddiried yn ei Ysbryd Glân,
sy'n rhoi bywyd i bobl Dduw.**

**Yr wyf yn credu ac yn ymddiried yn un Duw,
Dad, Mab ac Ysbryd Glân.
Amen.**

CREEDS

THE APOSTLES' CREED

I believe in God, the Father almighty,
creator of heaven and earth.

I believe in Jesus Christ, his only Son, our Lord.
He was conceived by the power of the Holy Spirit
and born of the Virgin Mary.
He suffered under Pontius Pilate,
was crucified, died, and was buried.
He descended to the dead.
On the third day he rose again.
He ascended into heaven
and is seated at the right hand of the Father.
He will come again to judge the living and the dead.

I believe in the Holy Spirit,
the holy catholic Church,
the communion of saints,
the forgiveness of sins,
the resurrection of the body
and the life everlasting. Amen.

The following may be used in place of the Nicene or Apostles' Creed

I believe and trust in God the Father,
who created all that is.

I believe and trust in his Son Jesus Christ,
who redeemed humankind.

I believe and trust in his Holy Spirit,
who gives life to the people of God.

I believe and trust in one God,
Father, Son and Holy Spirit.
Amen.

iii FFURFIAU ERAILL A AWGRYMIR AR GYFER YR YMBILIAU

FFURF 1

Gyda'n holl galon a'n holl feddwl gweddïwn ar yr Arglwydd, gan ddweud:
Arglwydd, trugarha.

Am dangnefedd oddi uchod, am gariad ffyddlon Duw
ac am iachawdwriaeth ein heneidiau,
gweddïwn ar yr Arglwydd:
Arglwydd, trugarha.

Dros heddwch y byd, dros les Eglwys sanctaidd Dduw
a thros undod yr holl bobloedd,
gweddïwn ar yr Arglwydd:
Arglwydd, trugarha.

Dros *E* ein hesgob a thros y clerigion a'r bobl,
gweddïwn ar yr Arglwydd:
Arglwydd, trugarha.

Dros *Elisabeth ein Brenhines*, dros arweinwyr y
cenhedloedd a thros bawb sydd mewn awdurdod,
gweddïwn ar yr Arglwydd:
Arglwydd, trugarha.

Dros y ddinas hon, dros bob cymuned
a thros bawb sy'n byw ynddynt,
gweddïwn ar yr Arglwydd:
Arglwydd, trugarha.

Am dywydd tymhoraidd
a chyflawnder o ffrwythau'r ddaear,
gweddïwn ar yr Arglwydd:
Arglwydd, trugarha.

Dros y ddaear haelionus a roddodd Duw inni,
ac am y ddoethineb a'r ewyllys i'w chadw,
gweddïwn ar yr Arglwydd:
Arglwydd, trugarha.

Dros y rhai sy'n teithio ar dir, ar fôr neu drwy'r awyr,
gweddïwn ar yr Arglwydd:
Arglwydd, trugarha.

iii *SUGGESTED ALTERNATIVE INTERCESSIONS*

FORM 1

With all our heart and with all our mind let us pray to the Lord, saying:
Lord, have mercy.

For peace from above, for the loving kindness of God
and for the salvation of our souls,
let us pray to the Lord:
Lord, have mercy.

For the peace of the world, for the welfare of the holy
Church of God and for the unity of all peoples,
let us pray to the Lord:
Lord, have mercy.

For *N* our bishop and for all the clergy and people,
let us pray to the Lord:
Lord, have mercy.

For *Elizabeth our Queen*, for the leaders of the nations
and for all in authority,
let us pray to the Lord:
Lord, have mercy.

For this city, for every community
and for all who live in them,
let us pray to the Lord:
Lord, have mercy.

For seasonable weather
and for an abundance of the fruits of the earth,
let us pray to the Lord:
Lord, have mercy.

For the good earth which God has given us
and for the wisdom and will to conserve it,
let us pray to the Lord:
Lord, have mercy.

For those who travel on land, on water or in the air,
let us pray to the Lord:
Lord, have mercy.

Dros bawb sy'n oedrannus a llesg,
dros y rhai sy'n weddw neu'n amddifad
a thros bawb sy'n glaf ac yn dioddef,
gweddïwn ar yr Arglwydd:
Arglwydd, trugarha.

Gellir gwahodd y bobl i rannu eu hymbiliau.

[Gweddïwn ar yr Arglwydd:
Arglwydd, trugarha.]

Dros bawb sy'n dlawd a gorthrymedig, dros y di-waith,
dros garcharorion a'r rhai sydd mewn caethiwed,
a thros bawb sy'n cofio a gofalu amdanynt,
gweddïwn ar yr Arglwydd:
Arglwydd, trugarha.

[Dros bawb a fu farw yng ngobaith yr atgyfodiad,
a thros yr ymadawedig,
gweddïwn ar yr Arglwydd:
Arglwydd, trugarha.]

Am ymwared rhag pob perygl, trais, gorthrymder
a llygredd,
gweddïwn ar yr Arglwydd:
Arglwydd, trugarha.

Am inni allu gorffen ein bywydau mewn ffydd a gobaith,
heb ddioddef a heb waradwydd,
gweddïwn ar yr Arglwydd:
Arglwydd, trugarha.

O Arglwydd, trwy dy ras, amddiffyn ni a gwared ni,
ac yn dy dosturi diogela ni:
Arglwydd, trugarha.

Yng nghymundeb *[... a'r holl saint]* yr holl saint,
cyflwynwn ein hunain, ein gilydd,
a'n holl fywyd i Grist ein Duw.
O Dduw sanctaidd,
sanctaidd a nerthol,
sanctaidd ac anfarwol,
trugarha wrthym.

For all who are aged and infirm,
for those who are widowed and orphaned
and for all who are sick and suffering,
let us pray to the Lord:
Lord, have mercy.

The people may be invited to share their petitions.

[Let us pray to the Lord:
Lord, have mercy.]

For all who are poor and oppressed,
for those who are unemployed, for prisoners and captives
and for all who remember and care for them,
let us pray to the Lord.
Lord, have mercy.

[For all who have died in the hope of the resurrection
and for all the departed,
let us pray to the Lord:
Lord, have mercy.]

For deliverance from all danger, violence, oppression
and degradation,
let us pray to the Lord:
Lord, have mercy.

That we may end our lives in faith and hope,
without suffering and without reproach,
let us pray to the Lord:
Lord, have mercy.

Defend us, deliver us and in your compassion protect us,
O Lord, by your grace:
Lord, have mercy.

In the communion of *[... and of all the]* saints,
let us commend ourselves and one another
and all our life to Christ our God.
Holy God,
holy and strong,
holy and immortal,
have mercy on us.

FFURF 2

Gellir defnyddio'r ffurf hon naill ai gan gynnwys pynciau penodol rhwng y paragraffau neu yn un cyfanwaith di-dor, gydag anogaethau byrion wedi eu cyfeirio at y bobl cyn dechrau'r weddi, neu hebddynt.

Nid oes angen defnyddio pob un paragraff bob tro.

Gellir ychwanegu enwau unigol yn y mannau a nodir.

Gellir defnyddio'r ymatebion a nodir yn nhrefn y gwasanaeth mewn mannau priodol yn y testun.

Yn nerth yr Ysbryd ac mewn undeb â Christ, gweddïwn ar y Tad.

Hollalluog Dduw, ein Tad nefol, addewaist trwy dy Fab Iesu Grist wrando arnom pan weddïwn mewn ffydd.

Nertha *E* ein hesgob a'th holl Eglwys yng ngwasanaeth Crist … Boed i'r rhai hynny sy'n cyffesu dy enw fod yn un yn dy wirionedd, cyd-fyw yn dy gariad, a datgelu dy ogoniant yn y byd.

Bendithia ac arwain *Elisabeth ein Brenhines*; dyro ddoethineb i bawb mewn awdurdod; a chyfarwydda'r genedl hon a phob cenedl arall yn ffyrdd cyfiawnder a heddwch … Boed inni anrhydeddu ein gilydd a cheisio lles pawb.

Cysura ac iachâ bawb sy'n dioddef, o ran corff, meddwl neu ysbryd …; rho iddynt ddewrder a gobaith yn eu trafferthion a dyro iddynt lawenydd dy iachawdwriaeth.

Dyro ras i ni, i'n teuluoedd a'n ffrindiau ac i bawb o'n cymdogion … Boed inni wasanaethu Crist wrth wasanaethu ein gilydd, a charu fel y mae ef yn ein caru ni.

Gwrando ni wrth inni gofio'r rhai hynny a fu farw yn ffydd Crist …; yn ôl dy addewidion, caniatâ i ni, gyda hwy, ran yn dy deyrnas dragwyddol.

Gan ymlawenhau yng nghymundeb y saint / *E* a'r holl saint, cyflwynwn ein hunain a'r greadigaeth gyfan i'th gariad di-ffael.

Gellir cadw distawrwydd ac adrodd colect neu ddiweddglo arall.

FORM 2

This form may be used either with the insertion of specific subjects between the paragraphs or as a continuous whole, with or without brief biddings addressed to the people before the prayer begins.

Not all paragraphs need to be used on every occasion.

Individual names may be added at the places indicated.

The responses indicated in the service order may be used at appropriate points in the text.

In the power of the Spirit and in union with Christ, let us pray to the Father.

Almighty God, our heavenly Father, you promised through your Son Jesus Christ to hear us when we pray in faith.

Strengthen *N* our bishop and all your Church in the service of Christ ... May those who confess your name be united in your truth, live together in your love, and reveal your glory in the world.

Bless and guide *Elizabeth our Queen*; give wisdom to all in authority; and direct this and every nation in the ways of justice and peace ... May we honour one another and seek the common good.

Comfort and heal all those who suffer in body, mind or spirit ...; give them courage and hope in their troubles and bring them the joy of your salvation.

Give grace to us, our families and friends and to all our neighbours ... May we serve Christ in one another, and love as he loves us.

Hear us as we remember those who have died in the faith of Christ ...; according to your promises, grant us with them a share in your eternal kingdom.

Rejoicing in the fellowship of *[N and of]* all your saints, we commend ourselves and the whole creation to your unfailing love.

Silence may be kept and a collect or other ending may be said.

FFURF 3

Gellir defnyddio'r ffurf hon naill ai gan gynnwys pynciau penodol rhwng y paragraffau neu yn un cyfanwaith di-dor, gydag anogaethau byrion wedi eu cyfeirio at y bobl cyn dechrau'r weddi, neu hebddynt.

Gellir defnyddio'r ymatebion a nodir yn nhrefn y gwasanaeth mewn mannau priodol yn y testun.

Gweddïwn dros Eglwys Dduw yng Nghrist Iesu, a thros bob un yn ôl ei angen.

O Dduw, crëwr a chynhaliwr pob un, gweddïwn dros bobl o bob hil ac ym mhob math o angen: hysbysa dy ffyrdd ar y ddaear, dy iachawdwriaeth ymhlith yr holl genhedloedd.

Gweddïwn dros dy Eglwys trwy'r holl fyd a thros *E* ein hesgob: arwain a llywodraetha ni trwy dy Lân Ysbryd, fel yr arweinir pob Cristion i ffordd y gwirionedd, ac y cynhelir y ffydd mewn undod ysbryd, rhwymyn tangnefedd ac uniondeb bywyd.

Cyflwynwn i'th dadol ymgeledd bawb sy'n ofidus neu'n dioddef mewn meddwl, corff neu ysbryd; cysura hwy a'u cymorth yn ôl eu hangen; dyro iddynt amynedd yn eu dioddefiadau, a deled daioni o'u cystuddiau.

Ymddiriedwn i'th ofal grasol bawb a fu farw yn ffydd Crist, a molwn di am dy holl ffyddloniaid, gan ymlawenhau gyda hwy yng nghymundeb y saint.

Gofynnwn hyn i gyd er mwyn Iesu Grist.
Amen.

FORM 3

This form may be used either with the insertion of specific subjects between the paragraphs or as a continuous whole, with or without brief biddings addressed to the people before the prayer begins.

The responses indicated in the service order may be used at appropriate points in the text.

Let us pray for the Church of God in Christ Jesus, and for all people according to their needs.

O God, the Creator and Preserver of all, we pray for people of every race and in every kind of need: make your ways known on earth, your saving power among all nations.

We pray for your Church throughout the world and for *N* our bishop: guide and govern us by your Holy Spirit, that all Christian people may be led into the way of truth, and hold the faith in unity of spirit, in the bond of peace and in righteousness of life.

We commend to your fatherly goodness all who are anxious or distressed, in mind, body or spirit; comfort and relieve them in their need; give them patience in their sufferings, and bring good out of their troubles.

We entrust to your gracious keeping all who have died in the faith of Christ, and we give you praise for all your faithful ones with whom we rejoice in the communion of saints.

All this we ask for Jesus Christ's sake.
Amen.

iv *COLECTAU TERFYNOL*

Dad nefol,
addawodd dy Fab,
pan ddeuwn ynghyd yn ei enw
a gweddïo yn ôl ei feddwl,
y bydd ef yn ein plith ac yn gwrando ein gweddi.
Yn dy gariad a'th drugaredd, cyflawna ein dyheadau,
a dyro i ni y pennaf o'th roddion,
sef dy adnabod di, yr unig wir Dduw,
a'th Fab, ein Harglwydd Iesu Grist.
Amen.

Hollalluog Dduw, ffynhonnell pob doethineb,
gwyddost ein hanghenion cyn inni ofyn,
a'n hanwybodaeth wrth inni ofyn.
Trugarha wrth ein gwendid,
a dyro inni'r pethau hynny
na fentrwn eu gofyn oherwydd ein hannheilyngdod,
ac na allwn eu gofyn oherwydd ein dallineb,
er mwyn dy Fab, ein Harglwydd Iesu Grist.
Amen.

Hollalluog a thragwyddol Dduw,
llywodraethwr pob peth yn y nef ac ar y ddaear:
yn drugarog derbyn weddïau dy bobl
a nertha ni i wneud dy ewyllys;
trwy ein Harglwydd Iesu Grist.
Amen.

iv CONCLUDING COLLECTS

Heavenly Father,
your Son has promised
that, when we meet in his name
and pray according to his mind,
he will be among us and hear our prayer.
In your love and mercy, fulfil our desires
and give us your greatest gift,
which is to know you, the only true God,
and your Son, Jesus Christ our Lord.
Amen.

Almighty God, the fountain of all wisdom,
you know our needs before we ask,
and our ignorance in asking.
Have compassion on our weakness,
and give us those things
which for our unworthiness we dare not,
and for our blindness we cannot ask,
for the sake of your Son, Jesus Christ our Lord.
Amen.

Almighty and eternal God,
ruler of all things in heaven and earth:
mercifully accept the prayers of your people
and strengthen us to do your will;
through Jesus Christ our Lord.
Amen.

D BRAWDDEGAU AR GYFER Y TANGNEFEDD

1 Crist yw ein heddwch ni. Cymododd ni â Duw mewn un corff ar y Groes. Deuwn ynghyd yn ei enw a rhannwn ei dangnefedd.

2 Ni yw corff Crist. Mewn un Ysbryd y cawsom i gyd ein bedyddio i un corff. Gadewch inni, felly, geisio'r pethau sy'n arwain i heddwch, ac sy'n nerthu ein bywyd fel cymuned.

3 Y mae Crist, Tywysog tangnefedd, yn dymchwel y muriau sydd yn ein gwahanu oddi wrth ein gilydd. Galwodd Duw ni i fyw mewn tangnefedd.

4 Duw sydd wedi ein cymodi ni ag ef ei hun trwy Grist a rhoi i ni weinidogaeth y cymod.

5 Dywedodd Iesu, Dyma fy ngorchymyn: carwch eich gilydd fel y cerais i chwi.

6 Yr ydym ni'n gwybod ein bod wedi croesi o farwolaeth i fywyd, am ein bod yn caru'n brodyr a'n chwiorydd. Y mae'r sawl nad yw'n caru yn aros mewn marwolaeth.

7 Bydded eich cariad yn ddiragrith. Peidiwch â thalu drwg am ddrwg i neb. Os yw'n bosibl, ac os yw'n dibynnu arnoch chwi, daliwch mewn heddwch â phob un.

8 Tros y rhain i gyd gwisgwch gariad, sy'n rhwymyn perffeithrwydd. Bydded i dangnefedd Crist lywio ein penderfyniadau; i'r tangnefedd hwn y cawsom ein galw, yn un corff.

9 Dywedodd Iesu, Yr wyf yn gadael i chwi fy nhangnefedd; nid fel y mae'r byd yn rhoi yr wyf fi'n rhoi i chwi.

10 Gwyn eu byd y tangnefeddwyr, oherwydd cânt hwy eu galw yn blant i Dduw.

11 Bydd yr Arglwydd yn cyhoeddi heddwch i'w bobl ac i'w ffyddloniaid, ac i'r rhai uniawn o galon.

D *SENTENCES FOR THE PEACE*

1 Christ is our peace. He has reconciled us to God in one body on the cross. We meet in his name and share his peace.

2 We are the body of Christ. In the one Spirit we were all baptized into one body. Let us pursue all that makes for peace and strengthens our common life.

3 Christ, the Prince of peace, breaks down the walls that divide us. God has called us to live in peace.

4 God has reconciled us to himself through Christ and given us the ministry of reconciliation.

5 Jesus said, This is my commandment: love one another as I have loved you.

6 We have crossed over from death to life; this we know, because we love our brothers and sisters. Anyone who does not love remains in the realm of death.

7 Love in all sincerity. Never pay back evil for evil. If possible, so far as it lies with you, live at peace with all.

8 To bind everything together and complete the whole there must be love. Let Christ's peace guide us in our decisions, the peace to which we were called as members of a single body.

9 Jesus said, Peace I bequeath to you; my own peace I give you; a peace the world cannot give, this is my gift to you.

10 Blessed are those who make peace; they shall be called God's children.

11 God will speak peace to his people, to those who turn to him in their hearts.

Yr Adfent

12 Hyn yw trugaredd calon ein Duw – fe ddaw â'r wawrddydd oddi uchod i'n plith, i lewyrchu ar y rhai sy'n eistedd yn nhywyllwch cysgod angau ac i gyfeirio ein traed i ffordd tangnefedd.

13 Bydded i Dduw tangnefedd eich gwneud yn gwbl sanctaidd, yn barod ar gyfer dyfodiad ein Harglwydd Iesu Grist.

Y Nadolig a'r Ystwyll

14 Gogoniant yn y goruchaf i Dduw, ac ar y ddaear tangnefedd i bawb y mae'n ymhyfrydu ynddynt.

15 Ein Gwaredwr Crist yw Tywysog Tangnefedd; ni bydd diwedd ar gynnydd ei lywodraeth nac ar ei heddwch.

Y Garawys

16 Am hynny, oherwydd ein bod wedi ein cyfiawnhau trwy ffydd, y mae gennym feddiant ar heddwch â Duw trwy ein Harglwydd Iesu Grist.

17 Dywed Iesu, Yr wyf yn gadael i chwi dangnefedd; fy nhangnefedd yr wyf yn ei roi i chwi. Peidiwch â gadael i ddim gynhyrfu'ch calon a pheidiwch ag ofni.

Tymor y Dioddefaint

18 Ond yn awr, yng Nghrist Iesu, yr ydych chwi, a fu unwaith ymhell, wedi eich dwyn yn agos trwy farw aberthol Crist.

Y Pasg a'r Dyrchafael

19 Daeth y Crist atgyfodedig a sefyll ymhlith ei ddisgyblion a dweud, Tangnefedd i chwi! Pan welsant yr Arglwydd, llawenychodd y disgyblion.

20 Dywed Iesu, Yr wyf yn gadael i chwi dangnefedd; fy nhangnefedd yr wyf yn ei roi i chwi. Pe baech yn fy ngharu i, byddech yn llawenhau fy mod yn mynd at y Tad.

Advent

12 In the tender compassion of our God the dawn from heaven will break upon us, to shine on those who live in darkness, under the shadow of death, and to guide our feet into the way of peace.

13 May the God of peace make you completely holy, ready for the coming of our Lord Jesus Christ.

Nativity and Epiphany

14 Glory to God in the highest heaven, and on earth peace to all in whom he delights.

15 Our Saviour Christ is the Prince of peace; of the increase of his government and of peace there shall be no end.

Lent

16 Now that we have been justified through faith, we are at peace with God through our Lord Jesus Christ.

17 Jesus says, Peace I leave with you; my peace I give to you. Do not let your hearts be troubled, neither let them be afraid.

Passiontide

18 Once we were far away from God, but now in union with Christ Jesus we have been brought near through the shedding of his blood.

Easter and Ascension

19 The risen Christ came and stood among his disciples and said, Peace be with you! They were overjoyed on seeing the Lord.

20 Jesus says, Peace I leave with you; my peace I give to you. If you love me, rejoice because I am going to the Father.

Y Pentecost

21 Y mae bod â'n bryd ar y cnawd yn farwolaeth, ond y mae bod â'n bryd ar yr Ysbryd yn fywyd a heddwch.

22 Ffrwyth yr Ysbryd yw cariad, llawenydd, tangnefedd, goddefgarwch, caredigrwydd, daioni, ffyddlondeb, addfwynder, hunan-ddisgyblaeth. Os yw ein bywyd yn yr Ysbryd, ynddo hefyd bydded ein buchedd.

Tymor y Deyrnas

23 Teyrnas Dduw yw cyfiawnder, tangnefedd a llawenydd yn yr Ysbryd Glân.

Saint

24 Cyd-ddinasyddion ydym â'r saint ac aelodau o deulu Duw, trwy Iesu Grist ein Harglwydd a ddaeth a phregethu heddwch i'r rhai pell a heddwch hefyd i'r rhai agos.

Bedydd

25 Bydded i dangnefedd Crist lywodraethu yn eich calonnau; i hyn y cawsoch eich galw, yn un corff. Y mae cariad Duw eisoes wedi ei dywallt yn ein calonnau trwy'r Ysbryd Glân y mae ef wedi ei roi i ni.

Diolchgarwch

26 Tangnefedd yw meithrinfa cyfiawnder, a bydd tangnefeddwyr yn medi ei gynhaeaf.

Cenhadaeth

27 Dywedodd y Crist atgyfodedig, Tangnefedd i chwi! Fel y mae'r Tad wedi fy anfon i, yr wyf fi hefyd yn eich anfon chwi. Yna anadlodd arnynt a dweud: Derbyniwch yr Ysbryd Glân!

Undeb

28 Ymrowch i gadw, â rhwymyn tangnefedd, yr undod y mae'r Ysbryd yn ei roi.

Pentecost

21 The mind of the sinful nature is death. The mind controlled by the Spirit is life and peace.

22 The fruit of the Spirit is love, joy, peace, patience, kindness, goodness, faithfulness, gentleness and self-control. If we live by the Spirit let us also walk by the Spirit.

Kingdom

23 The kingdom of God is righteousness, peace and joy in the Holy Spirit.

Saints

24 We are all citizens with the saints and belong to the family of God, through Jesus Christ our Lord who came and preached peace to those who were far away and to those who were near.

Baptism

25 Let the peace of Christ rule in our hearts; to this peace we are called as members of one body. God's love has been poured into our hearts through the Holy Spirit he has given us.

Thanksgiving

26 Peace is the seed-bed of righteousness, and peacemakers will reap its harvest.

Mission

27 The risen Christ said, Peace be with you! As the Father sent me, so I send you. Then he breathed on them saying, Receive the Holy Spirit!

Unity

28 Be eager to maintain the unity of the Spirit in the bond of peace.

vi RHAGLITHIAU PRIOD

Yr Adfent

1 A ddaeth i'n plith yng nghyflawniad yr amser
gan agor inni ffordd iachawdwriaeth.
Gwyliwn yn awr am y dydd
pan ddaw drachefn i farnu'r byd,
gan ddatguddio goleuni ei bresenoldeb,
fel y gwelwn ei allu a'i ogoniant.

Y Nadolig tan Noswyl yr Ystwyll

2 Ef yw'r Gair a wnaed yn gnawd.
Trwyddo ef yr wyt yn rhoi i lygad ffydd
weledigaeth newydd o'th ogoniant;
yr wyt yn datgelu dy gariad perffaith
ac yn ein gwahodd i'th garu a'th addoli di,
y Duw anweledig.

3 Diolchwn i ti yn awr am iddo ef,
drwy nerth yr Ysbryd Glân,
gymryd ein natur ni
a'i eni o'r Forwyn Fair,
fel, ac ef ei hun yn ddibechod,
y glanhâi ni oddi wrth bob pechod.

Yr Ystwyll a'r Sul canlynol

4 Oherwydd trwy arweiniad seren
datgelaist ef i'r byd ar ffurf ddynol,
fel, wrth ei ddilyn ef,
y dygir ni allan o dywyllwch i'w oleuni ardderchog.

Bedydd Crist

5 Pan fedyddiwyd ef gan Ioan,
fe ddatguddiwyd mai ef yw dy Fab, yr Anwylyd,
yr Un yr wyt ti yn ymhyfrydu ynddo.
Wedi iddo gael ei eneinio gan dy Ysbryd yn Grist,
Aeth rhagddo i gyflawni ei waith achubol.

PROPER PREFACES

Advent

1 Who in the fullness of time came among us
opening to us the way of salvation.
Now we watch for the day
when he comes again to judge the world,
revealing the light of his presence
that we may behold his power and glory.

Christmas until the Eve of Epiphany

2 He is the Word made flesh.
Through him you give to the eye of faith
a new vision of your glory;
you reveal your perfect love,
and invite us to love and worship you,
the unseen God.

3 And now we give you thanks
because, by the power of the Holy Spirit,
he took our nature upon him
and was born of the Virgin Mary,
that being himself without sin,
he might make us clean from all sin.

The Epiphany

4 Because by the leading of a star
you have revealed him
to the world in human form,
that in following him
we are brought out of darkness into his marvellous light.

The Baptism of Christ

5 When he was baptized by John,
he was revealed as your beloved Son,
the One on whom your favour rests.
Anointed by your Spirit as the Christ,
he went forth to do his saving work.

Cyflwyno Crist

6 Sy'n rhannu dy ogoniant tragwyddol
ac a gyflwynwyd yn y Deml.
Datguddiwyd ef gan yr Ysbryd
yn ogoniant Israel
fel y caiff yr holl bobl
oleuni'r byd ynddo ef.

Y Garawys tan y Dioddefaint

7 A brofwyd ym mhob peth, ond na phechodd.
Trwy ei ras medrwn drechu pob drygioni
a byw mwyach nid i ni ein hunain
ond i'r un a fu farw trosom ac a atgyfodwyd.

Tymor y Dioddefaint

8 A'i darostyngodd ei hun ar wedd dynion,
gan fod yn ufudd hyd angau, ie, angau ar groes.
Fe'i dyrchafwyd oddi ar y ddaear
fel y tynnai bawb ato ef ei hun.

Gwylnos y Pasg, Sul y Pasg a'r saith diwrnod canlynol

9 Ef yw'r gwir Oen Pasg a aberthwyd drosom
ac a gymerodd ymaith bechod y byd.
Trwy ei angau dinistriodd angau,
a thrwy ei atgyfodiad fe adferodd i ni fywyd tragwyddol.

Y Pasg tan Noswyl y Dyrchafael

10 Oherwydd yn ei fuddugoliaeth dros angau
gwawriodd oes newydd,
daeth teyrnasiad hir pechod i ben,
adnewyddir byd drylliedig
ac iacheir ni drachefn.

Dydd Iau Dyrchafael tan Noswyl y Pentecost

11 A ymddangosodd, ar ôl ei atgyfodiad, i'w apostolion,
ac esgyn yn eu gŵydd i ogoniant
i ddarparu lle i ni,
fel, yn y lle y mae ef, y byddwn ninnau hefyd.

The Presentation of Christ

6 Who shares your eternal splendour
and was presented in the Temple.
He was revealed by the Spirit
as the glory of Israel
that all peoples might find in him
the light of the world.

Lent until Passiontide

7 Who was tempted in every way, yet did not sin.
By his grace we are able to triumph over every evil
and to live no longer for ourselves alone
but for him who died for us and rose again.

Passiontide

8 Who, bearing the human likeness, humbled himself
and in obedience accepted death, even death on a cross.
He was lifted up from the earth
that he might draw all people to himself.

The Easter Vigil, Easter Day and seven days after

9 He is the true Paschal Lamb who was offered for us
and has taken away the sin of the world.
By his death he destroyed death,
and by his resurrection
he has restored to us eternal life.

Easter until the Eve of Ascension

10 Because in his victory over death a new age has dawned,
the long reign of sin is ended,
a broken world is being renewed
and we are once again made whole.

Ascension Day until the Eve of Pentecost

11 Who after his resurrection
showed himself to his apostles
and in their sight ascended into glory
to prepare a place for us,
that where he is, we might be also.

Y Pentecost

12 A esgynnodd i'w orsedd nefol ar dy ddeheulaw
a thrwyddo yr wyt yn tywallt
ar dy bobl yr Ysbryd Glân:
Ysbryd doethineb a deall,
Ysbryd cyngor a grym,
Ysbryd gwybodaeth ac ofn yr Arglwydd.
Dathlwn genhadaeth dy Eglwys
pan unodd yr Ysbryd Glân amryw ieithoedd
yn un llais i gyhoeddi un ffydd.

Sul y Drindod

13 Yr wyt yn datguddio mai'r un yw d'ogoniant,
â gogoniant dy Fab a'r Ysbryd Glân:
tri pherson cydradd mewn mawredd,
a diwahân mewn gogoniant,
yn un Arglwydd, un Duw,
i'w addoli a'i fawrygu.

Y Gweddnewidiad

14 A ddatguddiodd ei ogoniant llachar i'w ddisgyblion
ar y mynydd sanctaidd,
fel y caent eu nerthu i wynebu gwarth y groes.
Disgleiriodd ei ogoniant,
a chyhoeddodd dy lais o'r nefoedd
mai ef yw dy annwyl Fab.

Y Deyrnas

15 Sy'n arglwydd ar yr holl greadigaeth,
fel y bo iddo gyflwyno i ti
deyrnas fyd-eang a thragwyddol,
teyrnas bywyd a gwirionedd,
teyrnas gras a sancteiddrwydd,
teyrnas cyfiawnder
a chariad a thangnefedd.

The Day of Pentecost

12 Who ascended to his heavenly throne at your right hand
and through whom you pour out
the Holy Spirit upon your people:
the Spirit of wisdom and understanding,
the Spirit of counsel and might,
the Spirit of knowledge and true godliness
and of the fear of the Lord.
We celebrate the mission of your Church
when in many languages the Holy Spirit
found one voice to proclaim one faith.

Trinity Sunday

13 You reveal your glory
as the glory of your Son and the Holy Spirit:
three persons equal in majesty,
undivided in splendour,
one Lord, one God,
ever to be worshipped and adored.

The Transfiguration

14 Who revealed his dazzling glory to his disciples
on the holy mountain,
that they might be strengthened
to face the scandal of the cross.
His glory shone out and your voice from heaven
proclaimed him to be your beloved Son.

The Kingdom

15 Whose dominion is over all creation,
that he may present to you
an eternal and universal kingdom,
a kingdom of life and truth,
of grace and holiness,
a kingdom of righteousness and justice,
of love and peace.

Y Forwyn Fair Fendigaid

16 Wrth ddewis y Forwyn Fair fendigaid
i fod yn fam iddo
dyrchefaist y rhai gwylaidd ac addfwyn.
Cyfarchodd dy angel hi fel yr un y rhoddaist dy ffafr iddi;
gyda phob cenhedlaeth fe'i galwn yn wynfydedig,
a chyda hi gorfoleddwn a dyrchafwn dy enw sanctaidd.

Gŵyl Fihangel

17 Trwyddo ef y mae angylion yn canu dy glod,
archangylion yn cyflawni dy orchmynion,
cerwbiaid a seraffiaid yn bythol ddatgan dy sancteiddrwydd;
y mae holl gwmpeini nef yn gogoneddu dy enw
ac yn llawenhau o wneud dy ewyllys.
[Gyda hwy, datganwn dy ogoniant
wrth inni ymuno yn eu hemyn diderfyn o fawl:
Sanctaidd, sanctaidd, sanctaidd Arglwydd …]

Hepgorir y geiriau yn y bachau petryal pan ddefnyddir Gweddi Ewcharistaidd 1.

Yr Ysbryd Glân

18 A esgynnodd i'w orsedd nefol ar dy ddeheulaw
ac yr wyt yn tywallt trwyddo
ar dy bobl yr Ysbryd Glân:
Ysbryd doethineb a deall,
Ysbryd cyngor a grym,
Ysbryd gwybodaeth ac ofn yr Arglwydd.

Apostolion

19 A alwodd ei ddisgyblion a'u hanfon allan
i bregethu'r newyddion da,
i iacháu'r cleifion,
i adfer y colledig,
ac i gyhoeddi dyfodiad dy deyrnas,
er mwyn i bawb adnabod grym achubol
ei farwolaeth a'i atgyfodiad.

The Blessed Virgin Mary

16 In choosing the blessed Virgin Mary
to be the mother of your Son,
you have exalted the humble and meek.
Your angel hailed her as most highly favoured;
with all generations we call her blessed,
and with her we rejoice and magnify your holy name.

Michaelmas

17 Through him angels sing your praise,
archangels fulfil your commands,
cherubim and seraphim continually proclaim your holiness;
the whole company of heaven glorifies your name
and rejoices to do your will.
[With them we proclaim your glory
as we join in their unending hymn of praise:
Holy, holy, holy Lord ...]

The words in square brackets are omitted when Eucharistic Prayer 1 is used.

The Holy Spirit

18 Who ascended to his heavenly throne at your right hand
and through whom you pour out
the Holy Spirit upon your people:
the Spirit of wisdom and understanding,
the Spirit of counsel and might,
the Spirit of knowledge and true godliness
and of the fear of the Lord.

Apostles

19 Who called his apostles and sent them out
to preach the good news,
to heal the sick, to restore the lost
and to announce the coming of your kingdom,
that all may know the redeeming power
of his death and resurrection.

Bugeiliaid

20 Dathlwn yr ŵyl hon
i ddiolch am dy *was / wasanaethferch E.*
Ysbrydolaist ni trwy ei *ofal / gofal* a'i *gariad / chariad*,
cyfarwyddaist ni trwy ei *ddysgeidiaeth / dysgeidiaeth*
a chalonogaist ni trwy ei *esiampl / hesiampl*
fel un a ofalodd am dy braidd.

Bardd

21 Yn dy gariad mawr
yngenaist y Gair creadigol,
plethaist y cread oll yn salm,
rhoddaist inni ogoniant dy gynghanedd ddwyfol,
a chwiliaist ni i fod yn eiriau yn dy gân dy hun.

Merthyron

22 Llawenhawn yn nhystiolaeth dy saint
a redodd heb ddiffygio yr yrfa a osodwyd o'n blaen
a, chan chwilio am y wlad nefol,
a offrymodd eu bywyd a'u hangau i Iesu
awdur a pherffeithydd ein ffydd.

23 Wedi ei nerthu gan dy ras,
gorchfygodd dy *ferthyr E* ddioddefaint,
ac aberthu *ei fywyd / ei bywyd*
yn dyst ffyddlon i Grist.

Pastors

20 We celebrate this feast
in thanksgiving for your *servant N.*
You inspire us by *his / her* care and love,
instruct us by *his / her* teaching
and encourage us by *his / her* example
as one who cares for your flock.

Poets

21 Because of your great love
you uttered the creative Word
and searched us out
to be the words in your own song.

Martyrs

22 We rejoice in the witness of your saints
who ran with perseverance the race set before us
and, looking for a heavenly country,
offered life and death for Jesus,
the author and perfecter of our faith.

23 Strengthened by your grace,
your *martyr N*
triumphed over suffering,
laying down *his / her life*
in faithful witness to Christ.

Saint

24 Yr adlewyrchir ei ogoniant
ym mywydau dy saint.
Ynddynt hwy rhoist inni esiamplau
o ffyddlondeb a chariad.
Yn eu sancteiddrwydd canfyddwn anogaeth a gobaith.
Mewn cymundeb â hwy
rhannwn yn undod dy deyrnas.

25 Diolchwn i ti am dy holl saint *[yn enwedig E]*
sydd yn awr yn dy foli yn y nefoedd.
Wedi ein calonogi gan eu hesiampl
a chan lawenhau yn eu cymdeithas,
rhedwn heb ddiffygio yr yrfa sydd o'n blaen.

Cysegriad

26 Llawenhawn fod y byd cyfan yn deml i ti,
ac wedi ei alw i atseinio i'th enw.
Yn y tŷ gweddi hwn
fe'n gelwir i fod yn feini bywiol,
yn deml heb fod o waith dwylo.
Yn y lle hwn ceir rhaglun
o ddirgelwch dy ddinas nefol di.

Bedydd

27 Trwy ei farwolaeth a'i atgyfodiad,
fe'n gwnaeth yn blant y goleuni.
Yn y bedydd rhannwn addewid ei ogoniant,
ac fe'n llenwir â llawenydd diderfyn.

Saints

24 Whose glory is reflected
in the lives of your saints.
In them you have given us examples
of faithfulness and love.
In their holiness we find encouragement and hope.
In communion with them
we share the unity of your kingdom.

25 We thank you for *[N and]* all your saints
who now praise you in heaven.
Encouraged by their example
and rejoicing in their fellowship,
we run with perseverance
the race that is set before us.

Dedication

26 We rejoice that the whole world is your temple,
called to resound to your name.
In this house of prayer
we are called to be living stones,
a temple not made with hands.
In this place is foreshown
the mystery of your heavenly city.

Baptism

27 Who, through his death and resurrection,
has made us children of the light.
In baptism we share the promise of his glory,
and are filled with a joy that never ends.

Ewcharist
nid ar y Suliau

28 Ac yntau'n eistedd wrth y bwrdd gyda'i apostolion
a'i cyflwynodd ei hun i ti,
yn rhodd gymeradwy a pherffaith.
A ninnau'n ymgasglu o gwmpas y bwrdd hwn
i'n meithrin a'n cynnal gan fwyd sanctaidd,
rhannwn yng nghoffadwriaeth
ei ddioddefaint a'i farwolaeth
ac yng nghyflawnder ei nerth achubol.

Priodas

29 Oherwydd i ti ein creu ar dy ddelw dy hun
a'n galw i rannu yng ngwaith dy greadigaeth.
Yr wyt yn cysylltu mab a merch
a daw'r ddau yn un cnawd,
fel y mae'r Eglwys yn un â'th Fab
wedi ei haddurno fel priodferch ar gyfer y priodfab.

Y Weinidogaeth Ordeiniedig

30 A gysegrodd y rhai a dderbyniodd ei alwad
i ddilyn ffordd y groes.
Trwyddo ef gelwaist
y rhai a ordeiniwyd i weinidogaethu yn dy Eglwys
i gyhoeddi'r Newyddion Da,
i ofalu am dy bobl
ac i weinyddu mewn llawenydd
sacramentau dy deyrnas.

Iacháu

31 A aeth allan yn ei weinidogaeth ddaearol
i iacháu y rhai claf a dioddefus,
i adfer golwg i'r deillion
a dwyn cyfanrwydd i'r bobl,
fel, gan ddilyn ei esiampl ef,
y bydd i'th Eglwys barhau ei waith iachusol.

The Eucharist

except on Sundays

28 Who, seated at table with his apostles,
offered himself to you,
the acceptable and perfect gift.
As we gather around this table
to be nurtured and sustained with holy food,
we share in the memorial of his suffering and death
and in the fullness of his saving power.

Marriage

29 Because you have made us in your image
and call us to share in your work of creation.
You join man and woman to each other
and the two become one flesh,
as the Church is one with your Son,
adorned as a bride for her bridegroom.

Ordained Ministry

30 Who consecrated those who obeyed his call
to follow the way of the cross.
Through him you have called
those ordained for ministry in your Church
to proclaim the good news,
to care for your people
and to celebrate joyfully
the sacraments of your kingdom.

Healing

31 Who, in his earthly ministry,
went about healing the sick and suffering,
restoring sight to the blind
and bringing wholeness to the people,
that, following his example,
your Church may continue his healing work.

Cyfrifoldeb Cymdeithasol

32 A eneiniwyd gan dy Ysbryd
i bregethu newyddion da i dlodion,
i gyhoeddi rhyddhad i garcharorion
ac adferiad golwg i ddeillion;
i beri i'r gorthrymedig gerdded yn rhydd
ac i gyhoeddi blwyddyn ffafr yr Arglwydd.

Y mae Rhaglith 15 (Y Deyrnas) hefyd yn addas.

Addysg

33 Ti sy'n ein dysgu beth sydd yn iawn,
dangos inni'r gwirionedd
a gad inni ddod i'th adnabod di, yr unig wir Dduw,
ynddo ef, yr un a anfonaist.

Cenhadaeth

34 Anfonaist ef i fod yn Iachawdwr y byd,
ac y mae ef yn ein hanfon ni i gyhoeddi'r newyddion da
ac i roi gwybod am ffordd gwirionedd.

Yr Ymadawedig

35 A gyfododd yn fuddugoliaethus o blith y meirw
ac sy'n ein cysuro ni
â'r gobaith gwynfydedig o fywyd tragwyddol.
I'th bobl ffyddlon di, O Arglwydd,
newidir bywyd ond nid ei gymryd ymaith,
ac wedi dileu'r corff anianol hwn gan angau,
fe ddarperir cartref tragwyddol inni
yn y nefoedd gyda thi.

Social Responsibility

32 Who was anointed by your Spirit
to announce good news to the poor,
to proclaim release for prisoners
and recovery of sight for the blind;
to let the broken victims go free
and to proclaim the year of the Lord.

Preface 15 (of the Kingdom) is also appropriate.

Education

33 You teach us what is right,
show us the truth
and bring us to know you, the one true God,
in him whom you have sent.

Mission

34 You sent him to be the Saviour of the world,
and he sends us to proclaim the good news
and to make known the way of truth.

The Departed

35 Who rose victorious from the dead
and comforts us
with the blessed hope of everlasting life.
For your faithful people, Lord,
life is changed but not taken away
and, when this mortal body is laid aside in death,
an everlasting dwelling place is made ready for us
in heaven with you.

vii FFURF AR GYFER CYSEGRIAD YCHWANEGOL

Dad nefol, gwrando ar y weddi a'r diolchgarwch
a offrymwn trwy Iesu Grist ein Harglwydd,
a gymerodd *fara (a'r / y) cwpan* ac a ddywedodd:
Hwn yw *fy nghorff (a hwn yw fy) ngwaed.*
Cymerwn ninnau y *bara (a'r / y) cwpan* hwn
a gweddïwn y bydd trwy dy Air a'th Ysbryd
yn sacrament *corff (a) gwaed* Crist.
Amen.

viii ANFON ALLAN

I'w ddefnyddio, os mynnir, rhwng yr ymatebion terfynol, gyda'r fendith neu hebddi

… a bendith Duw hollalluog, y Tad, y Mab, a'r Ysbryd Glân a fo yn eich plith ac a drigo gyda chwi yn wastad.
Amen.

1 Bydded i dangnefedd Duw sydd uwchlaw pob deall gadw eich calonnau yng ngwybodaeth a chariad Duw a'i Fab Iesu Grist …

2 Bydded i'r Arglwydd eich bendithio a'ch cadw; bydded i'r Arglwydd lewyrchu ei wyneb arnoch a bod yn drugarog wrthych; bydded i'r Arglwydd edrych arnoch yn gariadus a rhoi i chwi dangnefedd …

3 Bydded i Dduw pob gras, a'ch galwodd i'w ogoniant tragwyddol yng Nghrist, eich adfer, eich cadarnhau a'ch nerthu yn y Ffydd …

4 Bydded i Dduw, a'ch dygodd o farwolaeth pechod i fywyd newydd yng Nghrist, eich cadw rhag syrthio a'ch gosod ym mhresenoldeb ei ogoniant â llawenydd mawr …

5 Bydded i Grist, sydd yn eich bwydo ag ef ei hun, y bara bywiol a'r wir winwydden, eich gwneud yn un mewn mawl a gwasanaeth, a'ch atgyfodi ar y dydd diwethaf …

vii FORM FOR ADDITIONAL CONSECRATION

Holy Father, hear the prayer and thanksgiving
which we offer through Jesus Christ our Lord,
who took *bread (and) the cup* and said:
This is my *body (and this is my) blood.*
We also take this *bread (and) wine*
and pray that by your Word and Spirit
it may be for us
the sacrament of the *body (and) blood* of Christ.
Amen.

viii DISMISSALS

For optional use between the final responses, with or without a blessing

... and the blessing of God almighty, the Father, the Son, and the Holy Spirit, be among you and remain with you always.
Amen.

1 The peace of God which is beyond all understanding guard your hearts in the knowledge and love of God and of his Son Jesus Christ ...

2 The Lord bless you and keep watch over you; the Lord's face shine on you and be gracious to you; the Lord look lovingly on you and give you peace ...

3 The God of all grace who called you to his eternal glory in Christ, restore, establish and strengthen you in the Faith ...

4 God, who from the death of sin raised you to new life in Christ, keep you from falling and set you in the presence of his glory with great joy ...

5 Christ, who nourishes you with himself, the living bread and the true vine, make you one in praise and service, and raise you up at the last day ...

6 Bydded i Dduw'r gobaith eich llenwi â phob llawenydd a thangnefedd wrth gredu, fel trwy nerth yr Ysbryd Glân y llenwir chwi â gobaith …

7 Bydded i gariad yr Arglwydd Iesu eich tynnu ato'i hun; bydded i nerth yr Arglwydd Iesu eich cryfhau yn ei wasanaeth; a bydded i lawenydd yr Arglwydd Iesu lenwi eich calonnau …

8 Cadwch eich golygon ar Iesu a glwyfwyd am ein pechodau, fel y bydd i chwi amlygu yn eich bywydau y cariad, y llawenydd a'r tangnefedd sy'n amlygu Iesu yn ei ddisgyblion …

Yr Adfent

9 Llewyrched Crist, Haul cyfiawnder arnoch a chwalu'r tywyllwch o'ch blaen …

Y Nadolig

10 Bydded i Grist, a gasglodd yn un bopeth daearol a nefol, trwy gymryd ein cnawd ni, eich llenwi â'i lawenydd a'i dangnefedd …

11 Bydded i Grist Fab Duw, a aned o Fair, eich llenwi â'i ras fel yr ymddiriedoch yn ei addewidion ac ufuddhau i'w ewyllys …

Yr Ystwyll

12 Bydded i Grist Fab Duw lonni eich calonnau â newyddion da ei deyrnas …

Y Garawys

13 Rhodded Crist ras i chwi i gynyddu mewn sancteiddrwydd, i ymwadu â chwi eich hunain, ac i godi eich croes a'i ddilyn ef …

14 Boed i Dduw'r trugaredd eich trawsffurfio trwy ei ras a rhoi i chwi'r nerth i orchfygu temtasiwn …

6 The God of hope fill you with all joy and peace in believing, that by the power of the Holy Spirit you may be filled with hope …

7 The love of the Lord Jesus draw you to himself; the power of the Lord Jesus strengthen you in his service; the joy of the Lord Jesus fill your hearts …

8 Keep your eyes fixed on Jesus who was wounded for our sins, that you may bear in your life the love and joy and peace which are the marks of Jesus in his disciples …

Advent

9 Christ the Sun of righteousness shine on you and scatter the darkness from before you …

Christmas

10 Christ, who by taking our flesh, gathered into one all things earthly and heavenly, fill you with his joy and peace …

11 Christ the Son of God, born of Mary, fill you with his grace to trust his promises and obey his will …

Epiphany

12 Christ the Son of God gladden your hearts with the good news of his kingdom …

Lent

13 Christ give you grace to grow in holiness, to deny yourselves, take up your cross and follow him …

14 The God of mercy transform you by his grace and give you strength to overcome temptation …

Tymor y Dioddefaint

15 Bydded i'r Crist croeshoeliedig eich tynnu ato ef ei hun, sy'n sylfaen ddiogel ffydd, yn gynhaliwr cadarn gobaith ac yn sicrwydd maddeuant pechodau …

Y Pasg

16 Bydded i Dduw tangnefedd, a ddygodd yn ôl oddi wrth y meirw ein Harglwydd Iesu, Bugail mawr y defaid, trwy waed y cyfamod tragwyddol, eich cyflawni â phob daioni i wneud ei ewyllys ef, gan lunio ynoch yr hyn sy'n gymeradwy ganddo, trwy Iesu Grist, y byddo'r gogoniant iddo byth bythoedd …

17 Bydded i'r Hollalluog Dduw, a roddodd inni'r fuddugoliaeth trwy atgyfodiad ein Harglwydd Iesu Grist, roi i chwi lawenydd a thangnefedd wrth gredu …

18 Bydded i Dduw'r Tad, y cyfodwyd Crist oddi wrth y meirw trwy ei ogoniant, eich cryfhau i rodio gydag ef yn ei fywyd atgyfodedig …

Y Dyrchafael

19 Bydded i Grist ein Brenin dyrchafedig dywallt arnoch ei roddion helaeth fel y gallwch ei wasanaethu ef a theyrnasu gydag ef yn ei ogoniant …

Y Pentecost

20 Bydded i Ysbryd y gwirionedd eich tywys i bob gwirionedd, a rhoi gras i chwi i dystiolaethu fod Iesu Grist yn Arglwydd, ac i gyhoeddi gair a gweithredoedd mawrion Duw …

21 Bydded i Dduw ddeffro ynoch ddoniau ei Ysbryd, fel y gallwch dystiolaethu i Grist yr Arglwydd a chyhoeddi llawenydd yr efengyl dragwyddol …

Passiontide

15 Christ crucified draw you to himself, the sure ground of faith, the firm support for hope and the assurance of sins forgiven …

Easter

16 The God of peace who brought back from the dead our Lord Jesus, the great Shepherd of the sheep, through the blood of the eternal covenant, make you perfect in every good deed to do his will, creating in you that which is pleasing to him, through Jesus Christ, to whom be glory for ever …

17 Almighty God, who through the resurrection of our Lord Jesus Christ has given us the victory, give you joy and peace in believing …

18 God the Father, by whose glory Christ was raised from the dead, strengthen you to walk with him in his risen life …

Ascension

19 Christ our exalted King pour on you his abundant gifts that you may serve him and reign with him in glory …

Pentecost and Holy Spirit

20 The Spirit of truth lead you into all the truth, give you grace to witness that Jesus Christ is Lord, and to proclaim the mighty word and works of God …

21 God stir up in you the gifts of his Spirit, that you may witness to Christ the Lord and proclaim the joy of the eternal gospel …

Y Drindod

22 Bydded i Dduw y Drindod Sanctaidd eich cryfhau mewn ffydd a chariad, a'ch arwain mewn gwirionedd a thangnefedd …

Tymor y Deyrnas

23 Bydded i Grist y Brenin eich gwneud yn ffyddlon a chryf i gyflawni ei ewyllys a'ch dwyn i deyrnasu gydag ef yn ei ogoniant …

Saint

24 Rhodded Duw ras i chwi i ddilyn ei seintiau mewn ffydd, gobaith a chariad …

25 Rhodded Duw ras i chwi i rannu etifeddiaeth ei saint mewn gogoniant …

Undeb

26 Bydded i Grist y Bugail da, a roddodd ei fywyd dros y defaid, ein dwyn ni a phawb sy'n gwrando ar ei lais ynghyd i un gorlan …

Trinity

22 God the Holy Trinity make you strong in faith and love, and guide you in truth and peace …

Kingdom

23 Christ the King make you faithful and strong to do his will, and bring you to reign with him in glory …

Saints

24 God give you grace to follow his saints in faith and hope and love …

25 God give you grace to share the inheritance of his saints in glory …

Unity

26 Christ the good Shepherd, who laid down his life for the sheep, bring us and all who hear his voice into one fold …

ix GWEINIDOGAETH Y CYMOD

Rhoddodd ein Harglwydd Iesu Grist allu i'w Eglwys i faddau pechodau yn ei enw. Arferir y weinidogaeth hon, a gyflwynwyd iddynt wrth eu hurddo, gan esgobion ac offeiriaid. Gellir rhoi gollyngdod cyffredinol yng ngwasanaethau cyhoeddus yr Eglwys, neu gellir rhoi gollyngdod yn unigol a phreifat.

Mae'r anogaeth yn Llyfr Gweddi Gyffredin *1664 yn cymell fel hyn unrhyw un 'na ddichon … ddyhuddo ei gydwybod ei hun … eithr yn rhaid iddo wrth gysur neu gyngor ym mhellach; deued … a datguddied ei ddolur, er mwyn cael, trwy weinidogaeth sanctaidd Air Duw, fawrlles gollyngdod, gyd â chyngor ac addysg ysprydol, tu ag at lonyddu ei gydwybod, a'i ryddhâu oddi wrth bob amheuaeth a phetrusder'. Mae cyffes breifat wedi'i gwneud dan sêl cyfrinach, er nad yw'n orfodol, yn agored i bawb ac argymhellir ei defnyddio yn arbennig gan y sawl a allai gael budd ohoni, pa un ai i roi tawelwch meddwl i gydwybod gythryblus neu i fod yn gymorth i dyfu mewn bywyd o ffydd ac o ymroddiad.*

Os bydd amgylchiadau'n caniatáu, ac os nad yw'r sawl sy'n edifarhau wedi cyffesu yn y modd hwn o'r blaen, dylid rhoi cyfarwyddyd gofalus er mwyn sicrhau ymbaratoi priodol.

FFURF AR GYFFES A GOLLYNGDOD

Gall yr offeiriad ddarllen un o'r brawddegau canlynol neu frawddegau priodol eraill o'r Ysgrythur

Dywedodd ein Harglwydd Iesu Grist, Dewch ataf fi, bawb sy'n flinedig ac yn llwythog, ac fe roddaf fi orffwystra i chwi.

A dyma air i'w gredu, sy'n teilyngu derbyniad llwyr: Daeth Crist Iesu i'r byd i achub pechaduriaid.

Gall yr offeiriad fendithio'r sawl sy'n edifarhau, gan ddweud

Yr Arglwydd a fo yn dy galon ac ar dy wefusau, fel y gelli di gyffesu dy bechodau yn onest ac yn ddidwyll ac adnabod y gwirionedd sy'n dy wneud yn rhydd; yn enw'r Tad, a'r Mab, a'r Ysbryd Glân. **Amen.**

X *MINISTRY OF RECONCILIATION*

Our Lord Jesus Christ gave power to his Church to forgive sins in his name. This ministry, committed to them at their ordination, is exercised by bishops and priests. General absolution may be given, in the public services of the Church, or absolution may be given individually and privately.

The exhortation in the Book of Common Prayer *of 1662 encourages any who 'cannot quiet his own conscience ... but requireth further comfort or counsel' to 'come ... and open his grief; that by the ministry of God's holy Word he may receive the benefit of absolution, together with ghostly counsel and advice, to the quieting of his conscience, and avoidance of all scruple and doubtfulness'. The practice of private confession, made under the seal of secrecy, whilst not obligatory, is open to all and its use is particularly encouraged for those who may benefit from it, whether to give peace of mind to a troubled conscience or as an aid to growth in a life of faith and devotion.*

If circumstances allow, and the penitent has not confessed in this way before, careful instruction should be given to ensure suitable preparation.

A FORM OF CONFESSION AND ABSOLUTION

The priest may read one of the following or other appropriate sentences from Scripture

Our Lord Jesus Christ said, Come to me, all whose work is hard, whose load is heavy; and I will give you rest.

This is a true saying, to be completely accepted and believed: Christ Jesus came into the world to save sinners.

The priest may bless the penitent, saying

The Lord be in your heart and on your lips, that you may confess your sins in honesty and sincerity and know the truth that sets you free; in the name of the Father, and of the Son, and of the Holy Spirit. **Amen.**

Yna mae'r gyffes yn dilyn, gan ddefnyddio'r geiriau hyn neu eiriau priodol eraill

Cyffesaf i Dduw hollalluog, ac o'th flaen di, fy mod wedi pechu ar feddwl, gair a gweithred, a heb wneud yr hyn y dylwn fod wedi'i wneud. Rwy'n cofio'n neilltuol y pechodau canlynol ...

Am y rhain, a'm holl bechodau eraill na allaf yn awr eu dwyn i gof, mae'n ddrwg gennyf ac rwyf yn wir yn edifarhau; rwy'n benderfynol o fyw bywyd gwell; gofynnaf yn ostyngedig i Dduw faddau imi; gofynnaf am ollyngdod yn ei enw ef, ac am dy help a'th arweiniad di.

Gall yr offeiriad gynnig cyngor ac awgrymu gweithred fer a phriodol o ddiolchgarwch am faddeuant Duw.

Mae'r offeiriad yn rhoi gollyngdod i'r sawl sy'n edifarhau, gan ddefnyddio'r geiriau a ganlyn

Ein Harglwydd Iesu Grist, a roddodd allu i'w Eglwys i ollwng pob pechadur sy'n wir edifeiriol ac yn credu ynddo, o'i fawr drugaredd a faddeuo i ti dy holl gamweddau. A thrwy ei awdurdod a roddwyd i mi, rwy'n rhoi gollyngdod iti oddi wrth dy holl bechodau, yn enw'r Tad, a'r Mab, a'r Ysbryd Glân.
Amen. Diolch a fo i Dduw.

Mae'r offeiriad yn anfon allan y sawl a fo'n edifarhau â'r geiriau hyn neu â geiriau priodol eraill

Ond ffrwyth yr Ysbryd yw cariad, llawenydd, tangnefedd, goddefgarwch, caredigrwydd, daioni, ffyddlondeb, addfwynder a hunan-ddisgyblaeth.

Duw a roddo iti'r gras i gynyddu mewn sancteiddrwydd, i gerdded yn ei ffyrdd ef, ffyrdd gwirionedd a thangnefedd, ac i ddwyn ffrwyth ei Ysbryd yn llawen.

A bendith Duw Hollalluog, y Tad, y Mab a'r Ysbryd Glân, a fo arnat ti ac a arhoso gyda thi yn oes oesoedd. **Amen.**

Mae'r Arglwydd wedi dy ryddhau oddi wrth bechod.
Dos mewn tangnefedd;
a gweddïa trosof finnau, sy'n bechadur hefyd.

The confession then follows, using these or other appropriate words

I confess to almighty God, and before you, that I have sinned in thought, word and deed, and failed to do what I ought to have done. I remember especially the following sins ...

For these and all my other sins, which I cannot now remember, I am very sorry and truly repent; I resolve to lead a better life; I humbly ask for God's forgiveness, for absolution in his name, and for your help and guidance.

The priest may offer counsel and suggest an appropriate short act of thanksgiving for God's forgiveness.

The priest absolves the penitent, using the following words

Our Lord Jesus Christ, who has left power to his Church to absolve all sinners who truly repent and believe in him, of his great mercy forgive you all your offences. And, by his authority committed to me, I absolve you from all your sins, in the name of the Father, and of the Son, and of the Holy Spirit.
Amen. Thanks be to God.

The priest dismisses the penitent using these or other appropriate words

The fruit of the Spirit is love, joy, peace, patience, kindness, goodness, faithfulness, gentleness and self-control.

God give you grace to grow in holiness, to walk in his ways of truth and peace, and joyfully to bear the fruit of his Spirit.

And the blessing of God almighty, the Father, the Son and the Holy Spirit, be upon you and remain with you always. **Amen.**

The Lord has set you free from sin.
Go in peace; and pray for me, a sinner.

AMLINELLIAD O FFURF AR GYFER Y CYMUN BENDIGAID

1 ***Deuwn ynghyd yn Enw'r Arglwydd***

2 ***Rhannwn Dangnefedd Duw***

Gras a thangnefedd o fo gyda chwi
oddi wrth Dduw ein Tad a'r Arglwydd Iesu Grist.
A hefyd gyda thi.

3 ***Cyhoeddwn Air Duw***

Darlleniadau o'r Beibl, yn cynnwys Efengyl.
Dylai'r bobl ymateb i'r Gair.

4 ***Gweddïwn gyda'r Eglwys***

Gelwir am ddistawrwydd a chanolbwyntio ar edifeirwch.

O Dduw trugarog,
yr ydym wedi pechu ar feddwl, gair a gweithred:
y mae'n wir ddrwg gennym,
yr ydym yn edifarhau ac yn troi atat ti.
Adnewydda ein bywydau trwy dy Ysbryd
ar ddelw Iesu Grist ein Gwaredwr,
er gogoniant dy enw sanctaidd. Amen.

Yr hollalluog Dduw a drugarhao wrthych,
maddau ichwi a'ch rhyddhau o bechod,
a'ch cadw yn y bywyd tragwyddol.
Amen.

Gellir defnyddio'r weithred o edifeirwch yn adran 2 uchod.

5 ***Rhoddwn Ddiolch***

Cyflwynir y rhoddion.

Cymer yr offeiriad y bara a'r gwin.

Defnyddir un o'r Gweddïau Ewcharistaidd ac wedyn dywed pawb Weddi'r Arglwydd.

AN OUTLINE ORDER FOR THE HOLY EUCHARIST

1 ***We Gather in the Lord's Name***

2 ***We Share God's Peace***

Grace and peace be with you
from God our Father and the Lord Jesus Christ.
And also with you.

3 ***We Proclaim the Word of God***

Bible readings, including a Gospel.
The people should respond to the Word.

4 ***We Pray with the Church***

After the prayers, the people are called to silence and repentance.
Merciful God,
we have sinned in thought and word and deed:
we are truly sorry, and repent and turn to you.
Renew our lives by your Spirit
in the image of Jesus Christ our Saviour,
to the glory of your holy name. Amen.

Almighty God have mercy on you,
forgive you and set you free from sin,
and keep you in eternal life.
Amen.

The act of repentance may be used in section 2 above.

5 ***We Offer Thanksgiving***

The gifts are presented.

The priest takes the bread and wine.

One of the EUCHARISTIC PRAYERS *is used*
and then all say the Lord's Prayer.

6 *Rhannwn y Rhoddion*

Mae'r offeiriad yn torri'r bara.

Corff Crist a'th gadwo yn y bywyd tragwyddol. **Amen.**
Neu Corff Crist, bara'r bywyd. **Amen.**
Neu Corff Crist. **Amen.**

Gwaed Crist a'th gadwo yn y bywyd tragwyddol. **Amen.**
Neu Gwaed Crist, y wir winwydden. **Amen.**
Neu Gwaed Crist. **Amen.**

7 *Awn Allan yn Nerth Duw*

Gweddi derfynol, [bendith] ac anfon allan.

Gellir defnyddio'r canlynol
Bendigedig fyddo Duw sydd yn ein galw ynghyd.
Molwch yr Arglwydd sydd yn ein gwneud yn un bobl.

Bendigedig fyddo Duw sy'n maddau ein pechod.
Molwch yr Arglwydd sy'n rhoi gobaith a rhyddid.

Bendigedig fyddo Duw y cyhoeddir ei air.
Molwch yr Arglwydd a ddatguddiwyd yn gariad.

Bendigedig fyddo Duw sydd â'i ras yn helaeth.
Molwch yr Arglwydd am y cyfan a fyddwn.

Derbyn, O Arglwydd, ein diolch a'n moliant.
Roedd ein dwylo yn wag nes i ti eu llenwi.

Gwasanaethwn yr Arglwydd.
yn enw Crist. Amen.

6 *We Share the Gifts*

The priest breaks the bread.

The body of Christ keep you in eternal life. **Amen.**
Or The body of Christ, the bread of life. **Amen.**
Or The body of Christ. **Amen.**

The blood of Christ keep you in eternal life. **Amen.**
Or The blood of Christ, the true vine. **Amen.**
Or The blood of Christ. **Amen.**

7 *We Go in God's Strength*

Concluding prayer, [blessing] and dismissal.

The following may be used
Blessed be God who calls us together.
Praise the Lord who makes us one people.

Blessed be God who forgives our sin.
Praise the Lord who gives hope and freedom.

Blessed be God whose word is proclaimed.
Praise the Lord who is revealed as love.

Blessed be God whose grace is abundant.
Praise the Lord for all we shall be.

Accept, O Lord, our thanks and praise.
Our hands were empty until you filled them.

We will serve the Lord.
In the name of Christ. Amen.

Nodiadau ar gyfer yr Amlinelliad

1 Ni fwriedir defnyddio'r ffurf hon ar brif weinyddiadau'r Cymun Bendigaid ar y Suliau a'r gwyliau, ond yn achlysurol.

2 Rhaid i offeiriad lywyddu dros y gwasanaeth i gyd, er y gall eraill gymryd rhan. Rhaid wrth baratoi gofalus gan yr offeiriad a phawb sy'n cymryd rhan.

3 Dylid paratoi'r bara, y gwin a'r llestri ymlaen llaw ond ni ddylid eu gosod ar y Bwrdd cyn y Diolch (5).

4 Mae distawrwydd yn briodol mewn gwahanol fannau yn ystod y gwasanaeth, yn enwedig yn ystod Cyhoeddi'r Gair (3), cyn y Gyffes (4), ar ôl y Diolch (5) ac ar ôl rhannu'r Rhoddion (6).

5 Dylai'r bobl sefyll ar gyfer yr Efengyl ac ni ddylid newid ystum yn ystod y Diolch (5).

6 Gellir defnyddio emynau, caneuon ac yn y blaen fel y bo'n briodol, ond ni ddylid torri ar draws y litwrgi rhwng y Diolch (5) a Thorri'r Bara (6).

7 Dylai Gweddi'r Arglwydd fel arfer gael ei defnyddio ar ôl y Diolch (5) ond gellir ei defnyddio yn ystod y Gweddïau (4).

8 Gellir defnyddio ffurfiau amrywiol ar gelfyddyd yn ystod yr addoli.

9 Yn ôl doethineb yr offeiriad, gellir rhannu'r bara a'r gwin trwy eu trosglwyddo rhwng y rhai sy'n cymuno (ar eu sefyll); os felly, rhaid gofalu bod yr elfennau yn cael eu rhannu yn syml ac yn ddefosiynol. Gellir defnyddio enw bedydd pob cymunwr wrth weinyddu. Dylai unrhyw fara a gwin a gysegrwyd yn ystod y gwasanaeth nad oes ei angen ar gyfer y cymuno, gael ei fwyta a'i yfed ar ôl y rhannu (6) neu'n syth ar ôl y gwasanaeth.

10 Gellir dethol gweddïau pwrpasol o litwrgïau awdurdodedig.

Notes for the Outline Order

1 This order is not intended for use at principal celebrations of the Eucharist on Sundays and festivals but for occasional use.

2 A priest must preside over the whole service, though others will take part. Careful preparation is required of the priest and all participants.

3 The bread, wine and vessels should be prepared beforehand but not placed on the Table until the Thanksgiving (5).

4 Silence is appropriate at various points in the service, particularly during the Proclamation of the Word (3), before the Confession (4), after the Thanksgiving (5) and after the Sharing of the Gifts (6).

5 The people stand for the Gospel and should not change posture during the Thanksgiving (5).

6 Hymns, songs, etc. may be used as appropriate, though the liturgy should not be interrupted between the Thanksgiving (5) and the Breaking of the Bread (6).

7 The Lord's Prayer should normally be used after the Eucharistic Prayer (5) but may be used during the Prayers (4).

8 A variety of art forms may be used during the worship.

9 At the priest's discretion, the consecrated bread and wine may be shared by being passed around by the communicants (standing); if so, care needs to be taken that the elements may be passed around simply and reverently. The Christian name of each communicant may be used at the administration. Consecrated bread and wine not required for communion is consumed after the Sharing (6) or immediately after the service.

10 Appropriate prayers may be drawn from authorized liturgies.

TREFN AR GYFER Y CYMUN BENDIGAID

1984

AN ORDER FOR THE HOLY EUCHARIST

1984

RHUDDELLAU CYFFREDINOL

1 Y Cymun Bendigaid, neu'r Offeren, yw'r brif weithred o addoliad Cristionogol. Dylai pawb sydd wedi eu conffyrmio gymuno'n gyson ac yn fynych ar ôl ymbaratoad, a hynny'n cynnwys hunan-ymholi yn arwain i edifeirwch a chymod. Cyfrifoldeb yr offeiriad yw dysgu a chynorthwyo ei bobl yn y pethau hyn. Dylai eu hyfforddi sut i arfer cyffes breifat, sydd yn agored i bawb na allant gael sicrhad mewn unrhyw fodd arall fod Duw yn maddau iddynt. (Gweler Atodiad IV).

2 Dyletswydd y Cristion yw cyfrannu'n llawen ac yn hael at gynnal addoliad Duw a lledaenu'r Efengyl.

3 Sacrament ein cymdeithas yng Nghorff Crist yw'r Offeren; gan hynny, rhybuddied yr offeiriad unrhyw gymunwyr, sydd trwy eu hymddygiad cyhoeddus yn dwyn sarhad ar yr Eglwys, na ddylent dderbyn y Dirgeleddau Sanctaidd nes iddynt wella eu ffordd o fyw. Os anwybyddant y rhybudd, rhodded yr offeiriad yr holl fater gerbron yr esgob,a gweithredu yn ôl ei gyfarwyddyd ef.

GENERAL RUBRICS

1 The Holy Eucharist is the principal act of Christian worship. Every confirmed person should communicate regularly and frequently after careful preparation, which should include self-examination leading to repentance and reconciliation. It is the responsibility of the priest to teach and help his people in these matters. He should instruct them in the use of private confession,- which is available for all who cannot otherwise find the assurance of God's forgiveness. (See Appendix IV).

2 It is the duty of a Christian to contribute gladly and liberally to the maintenance of the worship of God and the proclamation of the Gospel.

3 The Eucharist is the Sacrament of our fellowship in the Body of Christ. The priest shall therefore warn any communicants who by their public conduct bring the Church into disrepute that they ought not to receive the Holy Mysteries until they amend their way of life. If they do not heed the warning, the priest shall report the matter to the bishop and proceed as he directs.

TREFN AR GYFER Y CYMUN BENDIGAID

Y PARATOAD

Gellir canu emyn, salm neu anthem. *Penlinio*

Yn Enw'r Tad,
a'r Mab,
a'r Ysbryd Glân.
Amen.

Hollalluog Dduw, i ti y mae pob calon yn agored, pob dymuniad yn hysbys, a phob dirgel yn amlwg; glanha feddyliau ein calonnau trwy ysbrydoliaeth dy Lân Ysbryd, fel y carom di yn berffaith, a mawrhau'n deilwng dy Enw sanctaidd; trwy Grist ein Harglwydd.
Amen.

Arglwydd, trugarha.	*neu*	Kyrie, eleison.
Arglwydd, trugarha.		**Kyrie, eleison.**
Arglwydd, trugarha.		Kyrie, eleison.
Crist, trugarha.		**Christe, eleison.**
Crist, trugarha.		Christe, eleison.
Crist, trugarha.		**Christe, eleison.**
Arglwydd, trugarha.		Kyrie, eleison.
Arglwydd, trugarha.		**Kyrie, eleison.**
Arglwydd, trugarha.		Kyrie, eleison.

Neu

Arglwydd, trugarha wrthym.
Crist, trugarha wrthym.
Arglwydd, trugarha wrthym.

AN ORDER FOR THE HOLY EUCHARIST

THE PREPARATION

A hymn, psalm or anthem may be sung. *Kneel*

In the Name of the Father,
and of the Son,
and of the Holy Spirit.
Amen.

Almighty God, unto whom all hearts are open, all desires known, and from whom no secrets are hid; cleanse the thoughts of our hearts by the inspiration of thy Holy Spirit, that we may perfectly love thee, and worthily magnify thy holy Name; through Christ our Lord.
Amen.

Lord, have mercy.	*or*	Kyrie, eleison.
Lord, have mercy.		**Kyrie, eleison.**
Lord, have mercy.		Kyrie, eleison.
Christ, have mercy.		**Christe, eleison.**
Christ, have mercy.		Christe, eleison.
Christ, have mercy.		**Christe, eleison.**
Lord, have mercy.		Kyrie, eleison.
Lord, have mercy.		**Kyrie, eleison.**
Lord, have mercy.		Kyrie, eleison.

Or

Lord, have mercy upon us.
Christ, have mercy upon us.
Lord, have mercy upon us.

Neu'r Deg Gorchymyn

Ar ôl pob un o'r naw gorchymyn cyntaf dywedir neu cenir
Arglwydd, trugarha wrthym,
a gostwng ein calonnau i gadw'r gyfraith hon.

Ar ôl y degfed gorchymyn dywedir neu cenir
Arglwydd, trugarha wrthym,
ac ysgrifenna'r holl ddeddfau hyn yn ein calonnau, atolygwn iti.

Duw a ddywedodd

1 Myfi yw'r Arglwydd dy Dduw: na fydded iti dduwiau eraill ond myfi.

2 Na wna i ti dy hun ddelw gerfiedig, na llun dim sydd yn y nefoedd uchod, nac ar y ddaear isod, nac yn y dŵr o dan y ddaear; na ostwng iddynt, ac na addola hwynt.

3 Na chymer enw'r Arglwydd dy Dduw yn ofer.

4 Cofia gadw'n sanctaidd y dydd Sabath.

5 Anrhydedda dy dad a'th fam.

6 Na ladd.

7 Na wna odineb.

8 Na ladrata.

9 Na ddwg gam dystiolaeth yn erbyn dy gymydog.

10 Na chwennych ddim sy'n eiddo dy gymydog.

Or the Ten Commandments

After each of the first nine commandments shall be said or sung

Lord, have mercy upon us,
and incline our hearts to keep this law.

After the tenth commandment shall be said or sung

Lord, have mercy upon us,
and write all these thy laws in our hearts,
we beseech thee.

God said

1 I am the Lord your God; you shall have no other gods before me.

2 You shall not make for yourself a graven image, or any likeness of anything that is in heaven above, or that is in the earth beneath, or that is in the water under the earth; you shall not bow down to them or serve them.

3 You shall not take the name of the Lord your God in vain.

4 Remember the sabbath day, to keep it holy.

5 Honour your father and your mother.

6 You shall not kill.

7 You shall not commit adultery.

8 You shall not steal.

9 You shall not bear false witness against your neighbour.

10 You shall not covet anything that is your neighbour's.

Cyffeswn yn ostyngedig ein pechodau gerbron yr Hollalluog Dduw.

Hollalluog Dduw, ein Tad nefol, yr ydym wedi pechu yn dy erbyn ar feddwl, gair a gweithred, ac yn yr hyn na wnaethom. Yr ydym yn ddifrifol yn edifarhau ac mae'n ddrwg gennym am ein holl bechodau. Trugarha wrthym, drugarocaf Dad; maddau inni'r hyn oll a aeth heibio; a chaniatâ inni allu byth o hyn allan dy wasanaethu a'th fodloni mewn newydd-deb buchedd, er anrhydedd a gogoniant dy Enw; trwy Iesu Grist ein Harglwydd. Amen.

Dywed yr offeiriad

Yr Hollalluog Dduw a drugarhao wrthych: maddau i chwi, a'ch gwared oddi wrth eich holl bechodau; eich cadarnhau a'ch nerthu ym mhob daioni; a'ch dwyn i fywyd tragwyddol; trwy Iesu Grist ein Harglwydd. **Amen.**

Gloria in Excelsis *(ar y Sul a dyddiau gŵyl)* *Sefyll*

Gogoniant yn y goruchaf i Dduw,
ac ar y ddaear tangnefedd, ewyllys da i ddynion.
Moliannwn di, bendithiwn di,
addolwn di, gogoneddwn di,
diolchwn iti am dy fawr ogoniant,
Arglwydd Dduw, Frenin nefol,
Dduw Dad Hollalluog.

O Arglwydd, yr unig-genedledig Fab, Iesu Grist;
O Arglwydd Dduw, Oen Duw, Fab y Tad,
sy'n dwyn ymaith bechodau'r byd,
trugarha wrthym.
Tydi sy'n dwyn ymaith bechodau'r byd,
derbyn ein gweddi.
Tydi sy'n eistedd ar ddeheulaw Duw Dad,
trugarha wrthym.

Oblegid ti yn unig sy'n Sanctaidd;
ti yn unig yw'r Arglwydd;
ti yn unig, O Grist,
gyda'r Ysbryd Glân,
sydd Oruchaf
yng ngogoniant Duw Dad. Amen.

Let us humbly confess our sins to Almighty God.

Almighty God, our Heavenly Father, we have sinned against thee, in thought and word and deed, and in what we have left undone. We are truly sorry and repent of all our sins. Have mercy upon us, most merciful Father; forgive us all that is past; and grant that we may ever hereafter serve and please thee in newness of life, to the honour and glory of thy Name; through Jesus Christ our Lord. Amen.

The priest says

Almighty God have mercy upon you; pardon and deliver you from all your sins, confirm and strengthen you in all goodness; and bring you to everlasting life; through Jesus Christ our Lord.

Amen.

Gloria in Excelsis *(on Sundays and Festivals)* *Stand*

Glory be to God on high,
and in earth peace, goodwill towards men.
We praise thee, we bless thee,
we worship thee, we glorify thee,
we give thanks to thee for thy great glory,
O Lord God, heavenly King,
God the Father Almighty.

O Lord, the only-begotten Son, Jesus Christ;
O Lord God, Lamb of God, Son of the Father,
that takest away the sins of the world,
have mercy upon us.
Thou that takest away the sins of the world,
receive our prayer.
Thou that sittest at the right hand of God the Father,
have mercy upon us.

For thou only art Holy;
thou only art the Lord;
thou only, O Christ,
with the Holy Spirit,
art Most High
in the glory of God the Father. Amen.

Yr Arglwydd a fo gyda chwi;
A chyda'th ysbryd dithau.

Colect neu Golectau'r dydd.

Llith or Hen Destament *Eistedd*

Dywed y darllenydd
Y darlleniad o ...

Yr Epistol

Dywed y darllenydd
Y darlleniad o ...

Y Salm

Yr Efengyl *Sefyll*

Dywed y darllenydd
Gwrandewch yr Efengyl Sanctaidd yn ôl Sant ...
Gogoniant i ti, O Arglwydd.

Ar ôl yr Efengyl
Moliant i ti, O Grist.

Bydd y Bregeth yn dilyn darlleniad yr Efengyl. *Eistedd*

THE MINISTRY OF THE WORD

The Lord be with you;
And with your spirit.

The Collect or Collects of the day.

The Old Testament Lesson *Sit*

The reader says
The reading from …

The Epistle

The reader says
The reading from …

The Psalm

The Gospel *Stand*

The reader says
Hear the Holy Gospel according to Saint …
Glory be to thee, O Lord.

After the Gospel
Praise be to thee, O Christ.

The Sermon follows the reading of the Gospel. *Sit*

Credo Nicea (ar y Sul a dyddiau gŵyl) *Sefyll*

Credaf yn un Duw, y Tad Hollalluog,
gwneuthurwr nef a daear,
a phob peth gweledig ac anweledig.

Ac yn un Arglwydd Iesu Grist,
unig-genedledig Fab Duw,
cenedledig gan y Tad cyn yr holl oesoedd,
Duw o Dduw, Llewyrch o Lewyrch,
Gwir Dduw o Wir Dduw,
wedi ei genhedlu, nid wedi ei wneuthur,
yn un hanfod â'r Tad,
a thrwyddo ef y gwnaed pob peth:
yr hwn er ein mwyn ni ddynion,
ac er ein hiachawdwriaeth
a ddisgynnodd o'r nefoedd,
ac a gnawdiwyd trwy'r Ysbryd Glân o Fair Forwyn,
ac a wnaethpwyd yn ddyn,
ac a groeshoeliwyd hefyd drosom dan Pontius Pilat.
Dioddefodd ac fe'i claddwyd,
ac atgyfododd y trydydd dydd yn ôl yr Ysgrythurau,
ac esgynnodd i'r nef,
ac y mae'n eistedd ar ddeheulaw'r Tad.
A daw drachefn mewn gogoniant
i farnu'r byw a'r meirw:
ac ar ei deyrnas ni bydd diwedd.

A chredaf yn yr Ysbryd Glân,
yr Arglwydd, y Bywiawdwr,
sy'n deillio o'r Tad a'r Mab,
yr hwn gyda'r Tad a'r Mab a gydaddolir
ac a gydogoneddir,
ac a lefarodd trwy'r proffwydi.
A chredaf yn Un Eglwys Lân Gatholig ac Apostolig.
Addefaf un Bedydd er maddeuant pechodau.
A disgwyliaf am Atgyfodiad y meirw,
a bywyd y byd sydd i ddyfod.
Amen.

Gostegion Priodas a chyhoeddiadau eraill.

The Nicene Creed (on Sundays and festivals) *Stand*

I believe in one God, the Father Almighty,
maker of heaven and earth,
and of all things visible and invisible.

And in one Lord Jesus Christ,
the only-begotten Son of God,
begotten of his Father before all worlds,
God of God, Light of Light,
Very God of Very God,
begotten, not made,
being of one substance with the Father,
by whom all things were made:
who for us men, and for our salvation
came down from heaven,
and was incarnate by the Holy Spirit of the Virgin Mary,
and was made man,
and was crucified also for us under Pontius Pilate.
He suffered and was buried,
and the third day he rose again
according to the Scriptures,
and ascended into heaven,
and is seated at the right hand of the Father.
And he shall come again with glory
to judge both the quick and the dead:
whose kingdom shall have no end.

And I believe in the Holy Spirit,
the Lord, the Giver of life,
who proceeds from the Father and the Son,
who with the Father and the Son together
is worshipped and glorified,
who spoke by the prophets.
And I believe in One Holy Catholic and Apostolic Church.
I acknowledge one Baptism for the remission of sins.
And I look for the Resurrection of the dead,
and the life of the world to come.
Amen.

Banns of Marriage and other notices.

Naill ai

Gall y gweinidog ofyn i'r bobl weddïo dros yr Eglwys gyffredinol a'r byd, yr Eglwys leol a'r gymuned, a thros anghenion arbennig. Ar ôl pob anogiad cadwer distawrwydd.
Yna dywedir

Arglwydd, yn dy drugaredd,
Gwrando ein gweddi.

Ar ôl yr anogiad olaf dywedir

Bendithiwn dy Enw sanctaidd am y gras a'r rhinweddau a amlygwyd *[yn … ac]* yn dy holl Saint: caniatâ i ni, gan ymlawenhau yn eu cymdeithas a chan ddilyn eu hesiamplau da, gael ein gosod gyda hwy ar ddeheulaw dy Fab ar ei ymddangosiad ef a bod yn gyfrannog o'th deyrnas nefol.
Gwrando ni, O Dad nefol,
er mwyn Iesu Grist,
ein hunig Gyfryngwr ac Eiriolwr,
y bo iddo gyda thi a'r Ysbryd Glân
bob anrhydedd a gogoniant, byth heb ddiwedd.
Amen.

Neu

Gellir yn gyntaf gyhoeddi testunau arbennig i weddi a diolch.

Gweddïwn dros holl Eglwys Crist a thros bawb yn ôl eu hangen.

Hollalluog a byth-fywiol Dduw, deisyfwn yn ostyngedig arnat ysbrydoli'n barhaus yr Eglwys gyffredinol ag ysbryd y gwirionedd, undod, a chytgord, fel y gall pawb sy'n cyffesu dy Enw sanctaidd gytuno yng ngwirionedd dy Air sanctaidd, a byw mewn undod a chariad duwiol.

Arglwydd, yn dy drugaredd,
Gwrando ein gweddi.

THE INTERCESSION *Kneel*

Either

The minister may ask the people to pray for the various needs of the universal Church and the world, the local Church and community, and for particular needs. After each bidding silence shall be kept. Then is said

Lord, in thy mercy,
Hear our prayer.

After the final bidding shall be said

We bless thy holy Name for the grace and virtue declared *[in … and]* in all thy Saints: grant that we, rejoicing in their fellowship and following their good examples, may at thy Son's appearing be set with them on his right hand and be made partakers of thy heavenly kingdom.
Hear us, O heavenly Father,
for the sake of Jesus Christ,
our only Mediator and Advocate,
to whom with thee and the Holy Spirit
be all honour and glory, world without end.
Amen.

Or

Notice may first be given of special objects of prayer and thanksgiving.

Let us pray for the whole Church of Christ and for all men according to their needs.

Almighty and everlasting God, we humbly beseech thee to inspire continually the universal Church with the spirit of truth, unity, and concord, that all who confess thy holy Name may agree in the truth of thy holy Word, and live in unity and godly love.

Lord, in thy mercy,
Hear our prayer.

Dyro ras, O Dad nefol, i'r holl esgobion, offeiriaid a diaconiaid, ac yn enwedig i'th was *E* ein hesgob, fel y gallant trwy eu buchedd a'u hathrawiaeth gyhoeddi dy wir a'th fywiol air, a gweinyddu dy Sacramentau Sanctaidd yn iawn ac yn ddyladwy.

Arglwydd, yn dy drugaredd,
Gwrando ein gweddi.

Dyro i'th holl bobl dy nefol ras, ac yn enwedig i'r gynulleidfa sydd wedi ymgynnull yma; er mwyn iddynt dy wasanaethu'n gywir mewn sancteiddrwydd a chyfiawnder holl ddyddiau eu bywyd.

Arglwydd, yn dy drugaredd,
Gwrando ein gweddi.

Erfyniwn arnat, O Arglwydd, gyfarwyddo â'th ddoethineb nefol y rhai hynny sy'n llywodraethu cenhedloedd y byd, fel y llywodraethir dy bobl yn ffyddlon ac yn uniawn; bendithia dy wasanaethyddes *Elisabeth ein Brenhines*, a phob un sy'n dwyn awdurdod *dani*.

Arglwydd, yn dy drugaredd,
Gwrando ein gweddi.

O'th ddaioni, Arglwydd, cynorthwya a chysura bawb sydd mewn trallod, tristwch, angen, afiechyd, neu ryw adfyd arall,

[Yma gellir cyfeirio at gleifion wrth eu henwau.]

gan roddi iddynt ymwared dedwydd o'u holl gystuddiau.

Arglwydd, yn dy drugaredd,
Gwrando ein gweddi.

Give grace, O heavenly Father, to all bishops, priests and deacons, and specially to thy servant *N* our bishop, that they may by their life and doctrine proclaim thy true and living Word and rightly and duly administer thy Holy Sacraments.

Lord, in thy mercy,
Hear our prayer.

To all thy people give thy heavenly grace, and specially to this congregation here present; that they may serve thee in holiness and righteousness all the days of their life.

Lord, in thy mercy,
Hear our prayer.

We beseech thee, O Lord, to direct with thy heavenly wisdom those who rule over the nations of the world, that thy people may be faithfully and justly governed; bless thy servant *Elizabeth our Queen* and all who exercise authority under *her*.

Lord, in thy mercy,
Hear our prayer.

Of thy goodness, O Lord, help and comfort all those who are in trouble, sorrow, need, sickness, or any other adversity,

[Here sick persons may be mentioned by name.]

granting them a happy issue out of all their afflictions.

Lord, in thy mercy,
Hear our prayer.

Cyflwynwn i'th ofal grasol, O Arglwydd, dy holl weision a ymadawodd â'r fuchedd hon yn dy ffydd di a'th ofn,

[Yma gellir cyfeirio at rai ymadawedig wrth eu henwau.]

gan erfyn arnat ganiatáu i ni gyda hwy fythol oleuni a thangnefedd.

Arglwydd, yn dy drugaredd,
Gwrando ein gweddi.

Yn olaf, bendithiwn dy Enw sanctaidd am y gras a'r rhinweddau a amlygwyd *[yn … ac]* yn dy holl Saint. Caniatâ i ni, gan ymlawenhau yn eu cymdeithas a chan ddilyn eu hesiamplau da, gael ein gosod gyda hwynt ar ddeheulaw dy Fab ar ei ymddangosiad ef a bod yn gyfrannog o'th deyrnas nefol.

Gwrando ni, O Dad nefol,
er mwyn Iesu Grist,
ein hunig Gyfryngwr ac Eiriolwr,
y bo iddo gyda thi a'r Ysbryd Glân
bob anrhydedd a gogoniant,
byth heb ddiwedd.
Amen.

We commend to thy gracious keeping, O Lord, all thy servants departed this life in thy faith and fear,

[Here departed persons may be mentioned by name.]

beseeching thee to grant us with them everlasting light and peace.

Lord, in thy mercy,
Hear our prayer.

Finally, we bless thy holy Name for the grace and virtue declared *[in … and]* in all thy Saints. Grant that we, rejoicing in their fellowship and following their good examples, may at thy Son's appearing be set with them on his right hand and be made partakers of thy heavenly kingdom.

Hear us, O heavenly Father,
for the sake of Jesus Christ,
our only Mediator and Advocate,
to whom with thee and the Holy Spirit
be all honour and glory,
world without end.
Amen.

Tangnefedd yr Arglwydd a fo bob amser gyda chwi;
A chyda'th ysbryd dithau.

Yr Offrymiad

Gellir adrodd un o'r brawddegau.

Gellir canu emyn, salm neu anthem.

Dygir offrymau'r bobl at yr offeiriad a'u cyflwyno wrth yr allor.

Gosodir y bara a'r gwin ar yr allor gan yr offeiriad.

Rhof i ti aberth diolch a galw ar enw'r Arglwydd. Talaf fy addunedau i'r Arglwydd ym mhresenoldeb ei holl bobl. *Salm 116: 17, 18*

Offrymaf finnau yn ei deml aberthau llawn gorfoledd: canaf, canmolaf yr Arglwydd. *Salm 27: 6*

Rhowch i'r Arglwydd anrhydedd ei enw: dygwch offrwm a dewch i'w gynteddoedd. *Salm 96: 8*

Yr wyf yn ymbil arnoch, frodyr, ar sail tosturiaethau Duw, i'ch offrymu eich hunain yn aberth byw, sanctaidd a derbyniol gan Dduw. Felly y rhowch iddo addoliad ysbrydol. *Rhufeiniaid 12: 1*

Gan fod gennym, felly, archoffeiriad mawr sydd wedi mynd drwy'r nefoedd, sef Iesu, Mab Duw, gadewch inni nesáu mewn hyder at orsedd gras, er mwyn derbyn trugaredd a chael gras yn gymorth yn ei bryd. *Hebreaid 4: 14, 16*

Felly boed i'ch goleuni chwithau lewyrchu gerbron dynion, nes iddynt weld eich gweithredoedd da chwi a gogoneddu eich Tad, yr hwn sydd yn y nefoedd. *Mathew 5: 16*

Yna gellir dweud

Oddi wrthyt ti y daw pob peth;
Ac o'th law dy hun y rhoddwn i ti.

THE MINISTRY OF THE SACRAMENT *Stand*

The peace of the Lord be always with you;
And with your spirit.

The Offertory

One of the sentences may be said.

A hymn, psalm or anthem may be sung.

The offerings of the people are brought to the priest and presented at the altar.

The priest sets the bread and wine on the altar.

I will offer unto thee the sacrifice of thanksgiving : and call upon the Name of the Lord; I will pay my vows unto the Lord in the presence of all his people.
Psalm 116: 15, 16

I will offer in his dwelling an oblation with great gladness : I will sing and speak praises unto the Lord.
Psalm 27: 8

Ascribe unto the Lord the honour due unto his name : bring offerings and come into his courts.
Psalm 96: 8

I appeal to you brethren, by the mercies of God, to present your bodies as a living sacrifice, holy and acceptable to God, which is your spiritual worship. *Romans 12: 1*

Since we have a great high priest who has passed through the heavens, Jesus, the Son of God, let us with confidence draw near to the throne of grace, that we may receive mercy and find grace to help in time of need.
Hebrews 4: 14, 16

Let your light so shine before men, that they may see your good works, and give glory to your Father who is in heaven. *Matthew 5: 16*

Then may be said

All things come of thee;
And of thine own do we give thee.

Y Weddi Ewcharistaidd

Yr Arglwydd a fo gyda chwi;
A chyda'th ysbryd dithau.

Dyrchefwch eich calonnau;
Yr ydym yn eu dyrchafu at yr Arglwydd.

Diolchwn i'n Harglwydd Dduw;
Addas a chyfiawn yw gwneuthur hynny.

Yna dywed yr offeiriad

Cwbl addas a chyfiawn a'n rhwymedig ddyled, yw bob amser ac ym mhob lle ddiolch i ti, Arglwydd, Sanctaidd Dad, Hollalluog, Dragwyddol Dduw.

Ar y Sul, ac eithrio pan geir Rhagymadrodd Priod o Atodiad 1

Trwy Iesu Grist ein Harglwydd, sydd trwy ei angau ei hun wedi dinistrio angau, a thrwy ei atgyfodiad i fywyd wedi adfer inni fywyd tragwyddol.

Gan hynny gydag Angylion ac Archangylion, a chyda holl gwmpeini nef, y moliannwn ac y mawrhawn dy Enw gogoneddus, gan dy foliannu'n wastad a dywedyd:

Sanct, Sanct, Sanct, Arglwydd Dduw'r Lluoedd,
nef a daear sy'n llawn o'th ogoniant.
Gogoniant a fo i ti, O Arglwydd goruchaf.

Bendigedig yw'r hwn sy'n dyfod yn Enw'r Arglwydd.
Hosanna yn y goruchafion.

Penlinio

Y gogoniant, y mawl a'r diolch a fo i ti, Hollalluog Dduw, ein Tad nefol, creawdwr a chynhaliwr pob peth a gwneuthurwr dyn ar dy ddelw dy hun. Rhoddaist dy unig Fab Iesu Grist i gymryd ein natur ni ac i ddioddef angau ar y Groes er ein prynedigaeth. Gwnaeth yno yr unig aberth perffaith a chyflawn dros bechodau'r holl fyd; ordeiniodd hefyd, a gorchymyn yn ei Efengyl Sanctaidd gadw ohonom, goffa gwastadol am ei angau gwerthfawr hwnnw, nes ei ddyfod drachefn.

The Great Thanksgiving

The Lord be with you;
And with your spirit.

Lift up your hearts;
We lift them up unto the Lord.

Let us give thanks unto our Lord God;
It is meet and right so to do.

The priest continues

It is very meet, right and our bounden duty, that we should at all times, and in all places, give thanks unto thee, O Lord, Holy Father, Almighty, Everlasting God.

If appointed, the Proper Preface in Appendix 1, otherwise on Sundays

Through Jesus Christ our Lord, who by his death has destroyed death, and by his rising to life again has restored to us everlasting life.

Therefore with Angels and Archangels, and with all the company of heaven, we laud and magnify thy glorious Name, evermore praising thee and saying:

Holy, Holy, Holy, Lord God of Hosts,
heaven and earth are full of thy glory.
Glory be to thee, O Lord most high.

Blessed is he who comes in the Name of the Lord.
Hosanna in the highest.

Kneel

All glory, praise and thanksgiving be unto thee Almighty God our heavenly Father, creator and sustainer of all things, maker of man in thine own image, who gavest thine only Son Jesus Christ to take our nature upon him and to suffer death upon the cross for our redemption. There he made the one perfect and sufficient sacrifice for the sins of the whole world; and did institute, and in his Holy Gospel command us to continue, a perpetual memorial of that his precious death until his coming again.

Gan hynny, O Dad trugarog, erfyniwn arnat sancteiddio â'th Ysbryd Glân dy roddion hyn o Fara a Gwin, fel y gallwn ni, o'u derbyn yn ôl ordinhad sanctaidd dy Fab a'n Gwaredwr Iesu Grist, fod yn gyfrannog o'i werthfawrocaf Gorff a'i Waed:

Yr hwn y nos y bradychwyd ef, a gymerodd Fara
[Yma cymer yr offeiriad y Bara i'w ddwylo.]
ac wedi iddo ddiolch, fe'i torrodd a'i roddi i'w ddisgyblion, gan ddywedyd, Cymerwch, bwytewch; hwn yw fy Nghorff a roddir drosoch: Gwnewch hyn er cof amdanaf.

Yr un modd wedi swper fe gymerodd y Cwpan
[Yma cymer yr offeiriad y Cwpan i'w ddwylo.]
ac wedi iddo ddiolch, fe'i rhoddodd iddynt, gan ddywedyd, Yfwch o hwn bawb, oblegid hwn yw fy Ngwaed o'r Cyfamod Newydd a dywelltir drosoch a thros lawer er maddeuant pechodau: Gwnewch hyn, gynifer gwaith yr yfwch ef, er cof amdanaf.

Am hynny, O Arglwydd a nefol Dad, gan goffáu dioddefaint bendigedig, atgyfodiad nerthol, a dyrchafael gogoneddus dy anwylaf Fab, megis y gorchmynnodd ef i ni, a chan lawenhau yn rhodd yr Ysbryd Glân drwyddo ef, a hefyd gan ddisgwyl ei ddyfodiad drachefn mewn gallu a gogoniant mawr, yr ydym ni dy weision, gyda'th holl bobl sanctaidd, yn gosod gerbron dy Ddwyfol Fawredd y Bara hwn, bara'r bywyd tragwyddol, a'r Cwpan hwn, cwpan iachawdwriaeth dragwyddol.

Ac erfyniwn arnat dderbyn ein haberth hwn o foliant a diolch a rhoddi i ni ac i'th holl Eglwys faddeuant o'n pechodau a phob doniau eraill o'i ddioddefaint ef. A gweddïwn am i bawb ohonom sy'n gyfrannog o'r Cymun bendigaid hwn gael ein diwallu â'th ras a'th fendith nefol, a'n cyfrif yng nghwmni gogoneddus dy saint.

Trwy Iesu Grist ein Harglwydd, y bo trwyddo ef, ynddo ef, a chydag ef, yn undod yr Ysbryd Glân, bob anrhydedd a gogoniant i ti, O Dad Hollalluog, dros yr holl oesoedd byth heb ddiwedd.
Amen.

Therefore we beseech thee, O merciful Father, to sanctify with thy Holy Spirit these thy gifts of Bread and Wine, that we, receiving them according to thy Son our Saviour Jesus Christ's holy institution, may be partakers of his most precious Body and Blood:

Who in the same night that he was betrayed, took Bread
[Here the priest takes the Bread into his hands.]
and when he had given thanks, he broke it, and gave it to his disciples, saying, Take, eat, this is my Body which is given for you: Do this in remembrance of me.

Likewise after supper he took the Cup
[Here the priest takes the Cup into his hands.]
and when he had given thanks, he gave it to them, saying, Drink ye all of this, for this is my Blood of the New Covenant, which is shed for you and for many for the remission of sins: Do this, as oft as ye shall drink it, in remembrance of me.

Wherefore, O Lord and heavenly Father, making the memorial of the blessed Passion, mighty Resurrection, and glorious Ascension, of thy dearly beloved Son as he hath commanded us, rejoicing in his gift of the Holy Spirit, and looking for his coming again with power and great glory, we thy servants, with all thy holy people, do set forth before thy Divine Majesty this Bread of eternal life and this Cup of everlasting salvation.

And we beseech thee to accept this our sacrifice of praise and thanksgiving, and to grant to us and thy whole Church remission of our sins and all other benefits of his Passion. And we pray that all we, who are partakers of this holy Communion, may be fulfilled with thy grace and heavenly benediction and be numbered in the glorious company of thy saints.

Through Jesus Christ our Lord, by whom, in whom, and with whom, in the unity of the Holy Spirit, all honour and glory be unto thee, O Father Almighty, throughout all ages, world without end.
Amen.

Mae'r offeiriad yn torri'r Bara, gan ddweud

Y Bara yr ydym yn ei dorri;
Onid cymun Corff Crist ydyw?
Yr ydym ni sy'n llawer yn un Bara, un Corff;
Oblegid yr ydym oll yn gyfrannog o'r un Bara.

Yna gellir dweud

**Nid ydym yn rhyfygu dyfod at dy fwrdd di yma,
Arglwydd trugarog,
gan ymddiried yn ein cyfiawnder ein hunain,
eithr yn dy aml a'th ddirfawr drugareddau di.
Nid ydym ni'n deilwng
gymaint ag i gasglu'r briwsion dan dy fwrdd di,
eithr yr un Arglwydd wyt ti,
a pherthyn i ti drugarhau'n wastad.
Caniatâ i ni, gan hynny, Arglwydd grasol,
felly fwyta cnawd dy annwyl Fab Iesu Grist,
ac yfed ei waed ef,
fel y trigom byth ynddo ef,
ac yntau ynom ninnau.
Amen.**

Yna gellir dweud yma neu yn ystod y Cymun

**Oen Duw,
sy'n dwyn ymaith bechodau'r byd,
trugarha wrthym.**

**Oen Duw,
sy'n dwyn ymaith bechodau'r byd,
trugarha wrthym.**

**Oen Duw,
sy'n dwyn ymaith bechodau'r byd,
dyro inni dy dangnefedd.**

The priest breaks the Bread, saying

The Bread which we break;
Is it not the communion of the Body of Christ?
We who are many are one Bread, one Body;
For we are all partakers of the one Bread.

Then may be said

We do not presume to come to this thy table,
O merciful Lord,
trusting in our own righteousness,
but in thy manifold and great mercies.
We are not worthy
so much as to gather up the crumbs under thy table,
but thou art the same Lord,
whose property is always to have mercy.
Grant us, therefore, gracious Lord,
so to eat the flesh of thy dear Son Jesus Christ,
and to drink his blood,
that we may evermore dwell in him,
and he in us.
Amen.

Then may be said here or during the Communion

O Lamb of God,
that takest away the sins of the world,
have mercy upon us.

O Lamb of God,
that takest away the sins of the world,
have mercy upon us.

O Lamb of God,
that takest away the sins of the world,
grant us thy peace.

Y Cymun

Megis y dysgodd ein Hiachawdwr Iesu Grist ni,
yr ydym yn eofn yn dywedyd

Ein Tad, yr hwn wyt yn y nefoedd,
sancteiddier dy enw;
deled dy deyrnas;
gwneler dy ewyllys;
megis yn y nef, felly ar y ddaear hefyd.
Dyro i ni heddiw ein bara beunyddiol.
A maddau i ni ein dyledion,
fel y maddeuwn ninnau i'n dyledwyr.
Ac nac arwain ni i brofedigaeth;
eithr gwared ni rhag drwg.

Canys eiddot ti yw'r deyrnas,
a'r gallu, a'r gogoniant,
yn oes oesoedd.
Amen.

Dewch yn nes a derbyniwch Gorff a Gwaed ein Harglwydd Iesu Grist a roddwyd drosoch, ac ymborthwch arno yn eich calonnau trwy ffydd gan roddi diolch.

Derbyn yr offeiriad y Cymun Bendigaid a gweinyddir y Sacrament â'r geiriau hyn

Corff Crist a'th gadwo yn y bywyd tragwyddol. **Amen.**

Gwaed Crist a'th gadwo yn y bywyd tragwyddol. **Amen.**

Os oes angen am gysegriad ychwanegol, defnyddir y ffurf yn Atodiad II.

Mae'r offeiriad, a'r sawl o'r cymunwyr a alwo ato, yn bwyta ac yn yfed yr hyn sy'n weddill o'r elfennau cysegredig nad oes mo'u heisiau at gymuno, a glanheir y llestri.

Gellir canu emyn tra gwneir hyn.

The Communion

As our Saviour Jesus Christ has taught us
we are bold to say

Our Father, who art in heaven,
hallowed be thy name;
thy kingdom come;
thy will be done;
on earth as it is in heaven.
Give us this day our daily bread.
And forgive us our trespasses,
as we forgive those who trespass against us.
And lead us not into temptation;
but deliver us from evil.

For thine is the kingdom,
the power, and the glory,
for ever and ever.
Amen

Draw near and receive the Body and Blood of our Lord Jesus Christ given for you, and feed on him in your hearts by faith with thanksgiving.

The priest receives Holy Communion and the Sacrament is administered with these words

The Body of Christ keep you in eternal life. **Amen.**

The Blood of Christ keep you in eternal life. **Amen.**

If additional consecration is required, the form in Appendix II shall be used.

The priest, with such other communicants as he may call to him, reverently consumes any part of the consecrated elements not required for purposes of Communion, and the vessels are cleansed.

A hymn may be sung while this is done.

Gall yr offeiriad ddarllen adnod neu adnodau o'r salm briod.

Diolchwch i'r Arglwydd, oblegid graslon yw ef;
Oherwydd ei drugaredd sy'n dragywydd.

Naill ai

Hollalluog a thragwyddol Dduw, yr ydym yn diolch i ti am ymborth ysbrydol Corff a Gwaed dy Fab, ein Hiachawdwr Iesu Grist, a roddaist i ni yn y dirgeleddau sanctaidd hyn, gan ein sicrhau o'th raslonrwydd a'th ddaioni i ni sy'n aelodau o gorff dirgel dy Fab, a thrwy obaith yn etifeddion dy deyrnas dragwyddol.

Gan hynny, yr ydym yn offrymu ac yn cyflwyno i ti, O Arglwydd, ein hunain, ein heneidiau a'n cyrff, i fod yn aberth rhesymol, sanctaidd a bywiol i ti; gan ddeisyf arnat ein cadw trwy dy ras yn y gymdeithas sanctaidd hon, a'n galluogi i gyflawni'r holl weithredoedd da hynny y darperaist i ni rodio ynddynt; trwy Iesu Grist ein Harglwydd, y bo iddo gyda thi a'r Ysbryd Glân bob anrhydedd a gogoniant, yn oes oesoedd.
Amen.

Neu

Hollalluog Dduw, diolchwn i ti am ein porthi â Chorff a Gwaed dy Fab Iesu Grist, trwy'r hwn yr offrymwn ein heneidiau a'n cyrff yn aberth bywiol i ti. Anfon ni allan yn nerth dy Ysbryd i fyw ac i weithio er mawl a gogoniant i'th Enw.
Amen.

The Post-Communion *Kneel*

The priest may read the verse or verses from the proper psalm.

O give thanks unto the Lord, for he is gracious;
For his mercy endureth for ever.

Either

Almighty and everlasting God, we thank thee for the spiritual food of the Body and Blood of thy Son, our Saviour Jesus Christ, which thou hast given us in these holy mysteries, assuring us thereby of thy favour and goodness towards us who are members of the mystical body of thy Son, and heirs through hope of thy eternal kingdom.

Wherefore, we offer and present unto thee, O Lord, ourselves, our souls and bodies, to be a reasonable, holy, and living sacrifice unto thee, beseeching thee to keep us, by thy grace, in this holy fellowship and to enable us to do all those good works which thou hast prepared for us to walk in; through Jesus Christ our Lord, to whom with thee and the Holy Spirit be all honour and glory, world without end.
Amen.

Or

Almighty God, we thank thee for feeding us with the Body and Blood of thy Son Jesus Christ, through whom we offer to thee our souls and bodies to be a living sacrifice. Send us out in the power of thy Spirit to live and work to thy praise and glory.
Amen.

Y GOLLWNG

Yr Arglwydd a fo gyda chwi;
A chyda'th ysbryd dithau.

Yna gall yr offeiriad ddweud

[Tangnefedd Duw,
sydd uwchlaw pob deall,
a gadwo eich calonnau a'ch meddyliau
yng ngwybodaeth a chariad Duw,
a'i Fab Iesu Grist ein Harglwydd;
a]

Bendith Duw Hollalluog,
y Tad, y Mab a'r Ysbryd Glân,
a fo yn eich plith ac a drigo gyda chwi yn wastad.
Amen.

Awn ymaith mewn tangnefedd;
Yn Enw Crist.
Amen.

THE DISMISSAL

The Lord be with you:
And with your spirit.

The priest may then say

[The peace of God,
which passes all understanding,
keep your hearts and minds
in the knowledge and love of God,
and of his Son, Jesus Christ our Lord;
and]

The blessing of God Almighty,
the Father, the Son and the Holy Spirit,
be amongst you and remain with you always.
Amen.

Let us go forth in peace;
In the Name of Christ.
Amen.

ATODIADAU

i RHAGYMADRODDION PRIOD

Tymor Adfent

Am iti roddi iachawdwriaeth i ddynolryw trwy ddyfodiad dy Fab ein Gwaredwr Iesu Grist, trwy'r hwn y gwneir pob peth yn newydd gennyt pan ddaw drachefn mewn gogoniant i farnu'r byd.

Dydd Nadolig Crist a hyd Noswyl yr Ystwyll

Am i ti roddi Iesu Grist dy un Mab i'w eni ar gyfenw i'r amser yma drosom ni, yr hwn, trwy weithrediad yr Ysbryd Glân, a wnaed yn wir ddyn o sylwedd y Forwyn Fair ei fam, ac yntau heb ddim pechod, i'n glanhau ni oddi wrth bob pechod.

Yr Ystwyll, a'r saith diwrnod canlynol; a hefyd ar Ŵyl y Gweddnewidiad

Trwy Iesu Grist ein Harglwydd, a amlygodd ei ogoniant yn sylwedd ein cnawd marwol ni, fel y dygai ni allan o dywyllwch i'w oleuni gogoneddus ef.

Dydd Mercher y Lludw ac ar ddyddiau gwaith hyd dymor y Dioddefaint

Trwy Iesu Grist ein Harglwydd a demtiwyd ym mhob modd fel ninnau, ond eto na phechodd, a thrwy ei ras ef y mae inni'r gallu i orchfygu ein temtasiynau.

Tymor y Dioddefaint

Trwy Iesu Grist ein Harglwydd, a gaed mewn dull fel dyn, ac a'i dibrisiodd ei hun, gan fod yn ufudd hyd angau, ie, angau'r Groes, fel, wedi ei ddyrchafu oddi ar y ddaear, y tynnai bawb ato ei hun.

APPENDICES

i PROPER PREFACES

During Advent

Because thou hast given salvation to mankind through the coming of thy Son our Saviour Jesus Christ, and by him thou wilt make all things new when he returns in glory to judge the world.

On Christmas Day and until the Eve of the Epiphany

Because thou didst give Jesus Christ thine only Son to be born as at this time for us, who, by the operation of the Holy Spirit, was made very man of the substance of the Virgin Mary his mother; that being himself without sin he might make us clean from all sin.

On the Epiphany and seven days after; and also on the Feast of the Transfiguration

Through Jesus Christ our Lord, who in substance of our mortal flesh manifested forth his glory, that he might bring us out of darkness into his own glorious light.

On Ash Wednesday and on weekdays until Passiontide

Through Jesus Christ our Lord, who was in every way tempted as we are, yet did not sin, and by whose grace we are able to overcome our temptations.

During Passiontide

Through Jesus Christ our Lord, who being found in fashion as a man, humbled himself and became obedient unto death, even the death of the cross, that being lifted up from the earth, he might draw all men unto him.

Dydd y Pasg a hyd Noswyl y Dyrchafael yn gynhwysol

Ond yn bennaf yr ydym yn rhwymedig i'th foliannu am Atgyfodiad gogoneddus dy Fab Iesu Grist ein Harglwydd: oblegid ef yw'r gwir Oen Pasg a offrymwyd drosom, ac sydd wedi dwyn ymaith bechod y byd; yr hwn trwy ei angau ei hun a ddinistriodd angau, a thrwy ei atgyfodiad i fywyd a adferodd inni fywyd tragwyddol.

Dydd Y Dyrchafael a hyd Noswyl y Pentecost yn gynhwysol

Trwy dy anwylaf Fab Iesu Grist ein Harglwydd, a ymddangosodd yn eglur i'w holl Apostolion, wedi ei Atgyfodiad gogoneddus, ac yn eu golwg a esgynnodd i'r nef, i baratoi lle i ni; fel, lle y mae ef, yno yr esgynnwn ninnau hefyd, a theyrnasu gydag ef mewn gogoniant.

Dydd y Pentecost a'r chwe diwrnod canlynol

Naill ai

Trwy Iesu Grist ein Harglwydd, y daeth yr Ysbryd Glân, ar gyfenw i'r amser yma, yn ôl ei gywiraf addewid, o'r nef â sŵn mawr disymwth, fel gwynt nerthol, ar wedd tafodau o dân, yn disgyn ar yr Apostolion, i'w dysgu hwynt, ac i'w harwain i bob gwirionedd; gan roddi iddynt ddawn amryw ieithoedd, a hefyd hyder a sêl angerddol i bregethu'r Efengyl yn ddyfal i'r holl genhedloedd; ac oblegid hyn dygwyd ni allan o dywyllwch a chyfeiliorni i'th oleuni eglur ac i wir adnabyddiaeth ohonot ti a'th Fab Iesu Grist.

Neu

Trwy Iesu Grist ein Harglwydd, yr hwn, wedi iddo esgyn i'r uchelder, ac eistedd ar ddeheulaw dy Fawredd, a dywalltodd ar yr Eglwys dy Ysbryd Glân: fel, trwy rym ei ogoniant, y gallai'r holl fyd offrymu i ti aberth moliant.

On Easter Day and until the Eve of Ascension Day inclusive

But chiefly are we bound to praise thee for the glorious Resurrection of thy Son Jesus Christ our Lord: for he is the very Paschal Lamb, which was offered for us, and has taken away the sin of the world; who by his death has destroyed death, and by his rising to life again has restored to us everlasting life.

On Ascension Day and until the Eve of Pentecost inclusive

Through thy most dearly beloved Son Jesus Christ our Lord, who after his most glorious Resurrection manifestly appeared to all his Apostles, and in their sight ascended up into heaven to prepare a place for us; that where he is, thither we might also ascend, and reign with him in glory.

At Pentecost and six days after

Either

Through Jesus Christ our Lord, according to whose most true promise, the Holy Spirit came down as at this time from heaven with a sudden great sound, as it had been a mighty wind, in the likeness of fiery tongues, lighting upon the Apostles, to teach them, and to lead them to all truth; giving them both the gift of divers languages, and also boldness with fervent zeal constantly to preach the Gospel unto all nations; whereby we have been brought out of darkness and error into the clear light and true knowledge of thee, and of thy Son Jesus Christ.

Or

Through Jesus Christ our Lord, who after he had ascended up on high and was set down at the right hand of thy Majesty, poured forth upon the Church thy Holy Spirit: that through his glorious power the whole world might offer unto thee the sacrifice of praise.

Sul y Drindod yn unig

Sydd gyda'th unig-genedledig Fab a'r Ysbryd Glân yn un Duw, un Arglwydd, mewn Trindod o Bersonau ac mewn Undod Sylwedd; oblegid yr hyn yr ydym yn ei gredu am dy ogoniant, O Dad, hynny yr ydym yn ei gredu am y Mab, ac am yr Ysbryd Glân, heb unrhyw wahaniaeth nac anghydraddoldeb.

Gwyliau Cyflwyniad Crist yn y Deml a'r Cyfarchiad, a Gwyliau Mair Forwyn Fendigaid

Am iti roddi Iesu Grist, dy unig Fab, i'w eni er ein hiachawdwriaeth; yr hwn, trwy weithrediad yr Ysbryd Glân, a wnaed yn wir ddyn o sylwedd y Forwyn Fair ei fam, ac yntau heb ddim pechod, i'n glanhau ni oddi wrth bob pechod.

Gwyliau Saint a chanddynt Wasanaeth a Rhagymadrodd Priod fel a benodir yn y Calendr
ac eithrio Gwyliau Cyflwyniad Crist yn y Deml a'r Cyfarchiad, Gwyliau Mair Forwyn Fendigaid, Gŵyl Fihangel a Gwyliau yn Wytheidiau'r Nadolig a'r Dyrchafael

Am i ti amlygu gras Iesu Grist yn dy holl Seintiau a eglurodd dy ogoniant yn eu bywyd, ac sydd mewn cymdeithas â ni yn offrymu diolch a moliant i ti.

Wrth goffáu'r ymadawedig gellir defnyddio Rhagymadrodd Priod y Sul.

On Trinity Sunday only

Who with thine only-begotten Son and the Holy Spirit art one God, one Lord, in Trinity of Persons and in Unity of Substance; for that which we believe of thy glory, O Father, the same we believe of the Son, and of the Holy Spirit, without any difference or inequality.

On the Feasts of the Presentation of Christ in the Temple and the Annunciation, and on the Feasts of the Blessed Virgin Mary

Because thou didst give Jesus Christ, thine only Son, to be born for our salvation; who, by the operation of the Holy Spirit, was made very man of the substance of the Virgin Mary his mother; that being himself without sin he might make us clean from all sin.

On Saints' Days with a Proper Service and Preface as prescribed in the Calendar

except the Feasts of the Presentation of Christ in the Temple and the Annunciation, Feasts of the Blessed Virgin Mary, Michaelmas Day and Feasts in the Octaves of Christmas and Ascension Day

Because thou hast manifested the grace of Jesus Christ in all thy Saints, who declared thy glory in their lives, and in fellowship with us offer thanks and praise to thee.

At Commemoration of the Departed, the Sunday Preface may be used.

ii FFURF CYSEGRIAD YCHWANEGOL

Os na bydd digon o fara wedi ei gysegru, fe ddychwel yr offeiriad at yr allor, a chan gymryd bara, fe ddywed

O Dad, hollalluog a byth-fywiol Dduw, gwrando ein gweddi a'n diolch a offrymwn trwy Iesu Grist ein Harglwydd: yr hwn y nos y bradychwyd ef, a gymerodd Fara, ac wedi iddo ddiolch, fe'i torrodd a'i roddi i'w ddisgyblion, gan ddywedyd: Cymerwch, bwytewch; hwn yw fy Nghorff a roddir drosoch: gwnewch hyn er cof amdanaf.

Os bydd angen cysegru gwin hefyd, fe gymer yr offeiriad win, a dweud

Yr un modd wedi swper fe gymerodd y Cwpan, ac wedi iddo ddiolch, fe'i rhoddodd iddynt, gan ddywedyd: Yfwch o hwn bawb, oblegid hwn yw fy Ngwaed o'r Cyfamod Newydd a dywelltir drosoch a thros lawer er maddeuant pechodau: Gwnewch hyn, gynifer gwaith yr yfwch ef, er cof amdanaf.

I fendithio'r Cwpan yn unig, fe ddywed yr offeiriad

O Dad, hollalluog a byth-fywiol Dduw, gwrando ein gweddi a'n diolch a offrymwn trwy Iesu Grist ein Harglwydd; oherwydd y nos y bradychwyd ef, cymerodd y Cwpan, ac wedi iddo ddiolch, fe'i rhoddodd i'w ddisgyblion gan ddywedyd: Yfwch o hwn bawb, oblegid hwn yw fy Ngwaed o'r Cyfamod Newydd a dywelltir drosoch a thros lawer er maddeuant pechodau: Gwnewch hyn, gynifer gwaith yr yfwch ef, er cof amdanaf.

ii FORM OF ADDITIONAL CONSECRATION

If the consecrated bread proves insufficient, the priest returns to the altar, takes bread, and says

Father, almighty and everliving God, hear the prayer and thanksgiving which we offer through Jesus Christ our Lord; who in the same night that he was betrayed, took Bread and when he had given thanks, he broke it, and gave it to his disciples, saying, Take, eat, this is my Body which is given for you: Do this in remembrance of me.

If it is necessary to consecrate in both kinds, the priest takes wine, and continues

Likewise after supper he took the Cup and when he had given thanks, he gave it to them saying, Drink ye all of this, for this is my Blood of the New Covenant, which is shed for you and for many for the remission of sins: Do this, as oft as ye shall drink it, in remembrance of me.

For the blessing of the Cup only, the priest says

Father, almighty and everliving God, hear the prayer and thanksgiving which we offer through Jesus Christ our Lord; who in the same night that he was betrayed, took the Cup and when he had given thanks, he gave it to his disciples, saying, Drink ye all of this, for this is my Blood of the New Covenant, which is shed for you and for many for the remission of sins: Do this, as oft as ye shall drink it, in remembrance of me.

iii CYFARWYDDIADAU CYFFREDINOL

1 Gorchuddir y Bwrdd Sanctaidd â lliain gwyn glân.

2 Mae'r bara a'r gwin i'w darparu gan wardeniaid yr eglwys ar draul y plwyf. Dylid sicrhau bara gwenith, lefeinllyd neu groyw, a gwin grawnwin pur, a gellir ychwanegu ato ychydig o ddŵr.

3 Yr esgob biau'r hawl i fod yn weinyddwr yr Offeren ac i bregethu, a phan nad yw'n gweinyddu, ef sydd i ddatgan y Gollyngdod a'r Fendith.

4 Mor bell ag y bo modd, dylai'r gweinyddwr fod yn amlwg fel llywydd yr holl Offeren, er mwyn pwysleisio undod y gwasanaeth.

5 Pan fo diacon yn bresennol, dylai ddarllen yr Efengyl a chynorthwyo i weinyddu'r Sacrament, ac fe all, os bydd angen, arwain yr Ôl-Gymun. Gall diacon weinyddu'r Cymun Bendigaid o'r Cymun cadw.

6 Gall diacon neu Ddarllenydd ddweud y rhannau hynny a ddymunir o'r gwasanaeth hyd ddiwedd yr Ymbiliad (ac eithrio'r Gollyngdod).

7 O fewn terfynau rheoliadau'r Eglwys yng Nghymru gall lleygwr gynorthwyo yng ngweinyddiad y Cymun Bendigaid. Yn ôl doethineb yr offeiriad plwyf gall lleygwyr ddarllen y Llith o'r Hen Destament a'r Epistol ac arwain yr Ymbiliad.

8 Pan na fo Gweinidogaeth y Sacrament i ddilyn Gweinidogaeth y Gair, diweddir y gwasanaeth â Gweddi'r Arglwydd a'r Gras.

9 Ar ddyddiau gwaith nad ydynt yn Ddyddiau Gŵyl, gellir hepgor y Salm a naill ai'r Llith o'r Hen Destament neu'r Epistol.

iii GENERAL DIRECTIONS

1 The Holy Table shall be covered with a clean white cloth.

2 The bread and wine are to be provided by the church-wardens at the expense of the parish. The bread shall be wheat bread, whether leavened or unleavened, and the wine pure grape wine to which a little water may be added.

3 It is the bishop's right to be the celebrant of the Eucharist and to preach; if he is not the celebrant, he pronounces the Absolution and gives the Blessing.

4 As far as possible the celebrant should be seen to preside over the whole of the Eucharist in order to emphasize the unity of the service.

5 When a deacon is present he should read the Gospel and assist in the administration of the Sacrament and may if necessary lead the Post-Communion. A deacon may administer Holy Communion from the reserved Sacrament.

6 A deacon or Reader may say such parts of the service to the end of the Intercession (omitting the Absolution) as may be required.

7 Subject to the regulations of the Church in Wales, a lay person may assist in the administration of Holy Communion. At the discretion of the parish priest, lay persons may read the Old Testament Lesson and Epistle and lead the Intercession.

8 When the Ministry of the Sacrament is not to follow the Ministry of the Word the service shall end with the Lord's Prayer and the Grace.

9 On weekdays which are not Holy Days, the Psalm and either the Old Testament Lesson or the Epistle may be omitted.

10 Mae'r cyfarwyddiadau, *Sefyll, Penlinio, Eistedd* yn dangos pa osgo corff sy'n briodol ar wahanol adegau yn y gwasanaeth.

11 Gellir dweud neu ganu rhannau priodol o'r gwasanaeth.

12 Cymeradwyir distawrwydd yn gyfle i atgofio, yn arbennig cyn y Gyffes Gyffredinol ac yn union ar ôl Cymun y bobl.

10 The directions *Stand, Kneel, Sit* indicate the postures which are appropriate for the people at various stages of the service.

11 Appropriate parts of the service may be either said or sung.

12 The use of silence is commended as a means of recollection, especially before the General Confession and immediately after the Communion of the people.

iv *CYFFES A GOLLYNGDOD*

Rhoddodd ein Harglwydd Iesu Grist allu i'w Eglwys i faddau pechodau yn ei Enw. Arferir y weinidogaeth hon gan esgobion ac offeiriaid. Gellir rhoddi gollyngdod yn gyffredinol, fel yng ngwasanaethau cyhoeddus yr Eglwys, neu'n unigol a phreifat. Adeg y Diwygiad gadawyd yn y Llyfr Gweddi Gyffredin, *ac yn ei ffurfiau diwygiedig diweddarach, yr arferiad o gyffesu gerbron offeiriad, dan sêl cyfrinach. Mae cyffes yn agored i bob Cristion. Trwy'r weinidogaeth hon gall y sawl na fedr lonyddu ei gydwybod gael sicrhad, os yw'n edifeiriol, fod Duw yn maddau. Yma hefyd, mae cyfle i geisio cyfarwyddyd mewn amheuaeth neu anhawster. Mae'r gweddïau, y darlleniadau a'r defosiynau y gall yr offeiriad ofyn i'r edifeiriol eu defnyddio yn fynegiant priodol o'i ddiolchgarwch i Dduw ac o'i fwriad i beidio â phechu mwyach.*

Os bydd amser ac amgylchiadau'n caniatáu a'r edifeiriol heb gyffesu yn y modd hwn o'r blaen, dylid ei hyfforddi ym mha fodd i ymbaratoi.

Gall yr offeiriad yn gyntaf fendithio'r edifeiriol, gan ddweud

Yr Arglwydd a fo yn dy galon ac ar dy wefusau, fel y gelli'n wirioneddol gyffesu, dy bechodau, Yn Enw'r Tad, a'r Mab, a'r Ysbryd Glân. **Amen.**

Cyffesa'r edifeiriol, yn y ffurf ganlynol, neu gyffelyb

Cyffesaf i Dduw Hollalluog, ac yn dy ŵydd di, fy mod wedi pechu o'm bai fy hun. Yr wyf yn cofio'n neilltuol y pechodau canlynol …

Am y rhain, a'm holl bechodau eraill na allaf yn awr eu dwyn i gof, mae'n wir ddrwg gennyf; yr wyf yn benderfynol na phechaf eto, ac yr wyf yn gofyn i Dduw yn ostyngedig am faddeuant, ac i tithau am gyngor a gollyngdod yn ei Enw ef.

Gall yr offeiriad yn awr roi cyngor, os bydd angen, a gofyn i'r edifeiriol ddefnyddio defosiwn priodol.

iv *FORM OF CONFESSION AND ABSOLUTION*

Our Lord Jesus Christ gave power to his Church to forgive sins in his Name. This ministry is exercised by bishops and priests. Absolution can be given generally, as in the public services of the Church, or individually and privately. The practice of confessing to God in the presence of a priest, under the seal of secrecy, was retained at the Reformation in the Book of Common Prayer *and in subsequent revisions of that book. Confession is open to all Christians. Those who fail by themselves to find peace of mind can, if penitent, be assured of God's forgiveness through the exercise of this ministry. Here, too, is the opportunity to ask for informed counsel when in doubt or difficulty. The prayers, readings or other devotions which the priest may ask the penitent to use are suitable expressions of his thankfulness to God and his intention not to sin again.*

If time and circumstances allow and the penitent has not confessed in this way before, he should be told how to prepare himself.

The priest may first bless the penitent, saying

> The Lord be in your heart and on your lips, that you may make a true confession of your sins, In the Name of the Father, and of the Son, and of the Holy Spirit. **Amen.**

The penitent makes his confession, using the following form, or a similar one

> **I confess to Almighty God, and before you, that I have sinned through my own fault. I remember especially the following sins …**
>
> **For these and all my other sins, which I cannot now remember, I am very sorry; I firmly resolve not to sin again, and humbly ask pardon of God, and of you counsel and absolution in his Name.**

The priest may now give counsel, if required, and ask the penitent to use an appropriate devotion.

Fe rydd yr offeiriad ollyngdod i'r edifeiriol â'r geiriau hyn

Ein Harglwydd Iesu Grist, a roddodd allu i'w Eglwys i ollwng pob pechadur sy'n edifeiriol ac yn credu ynddo, o'i fawr drugaredd a faddeuo i ti dy holl gamweddau. A thrwy ei awdurdod a roddwyd i mi yr wyf yn dy ollwng di o'th holl bechodau, Yn Enw'r Tad, a'r Mab, a'r Ysbryd Glân.
Amen. I Dduw y byddo'r diolch.

Gall yr offeiriad fendithio'r edifeiriol, a diweddu gan ddweud

Yr Arglwydd a dynnodd ymaith dy bechod.
Dos mewn tangnefedd; a gweddïa drosof fi;
yr wyf finnau'n bechadur hefyd.

The priest absolves the penitent with the following words

Our Lord Jesus Christ, who has left power to his Church to absolve all sinners who truly repent and believe in him, of his great mercy forgive you all your offences. And by his authority committed to me I absolve you from all your sins, In the Name of the Father, and of the Son, and of the Holy Spirit.
Amen. Thanks be to God.

The priest may bless the penitent, and then dismiss him, saying

The Lord has put away your sin.
Go in peace;
and pray for me a sinner.

CYDNABYDDIAETHAU

Defnyddir y canlynol trwy ganiatâd:
Testunau o'r *Beibl Fersiwn Safonol Newydd Diwygiedig* © 1989, 1995, Adran Addysg Gristnogol, Cyngor Cenedlaethol Eglwysi Crist, Unol Daleithiau America. Cedwir pob hawl;

Dyfyniadau o'r *Beibl Cymraeg Newydd a'r Beibl Cymraeg Newydd Diwygiedig 2004* © Y Gymdeithas Feiblaidd Frytanaidd a Thramor;

Y weddi 'Generous God' © Westcott House;

Darnau o *Llyfr Gwasanaethau Eraill Eglwys Anglicanaidd Canada*, © Synod Gyffredinol Eglwys Anglicanaidd Canada 1985;

Gloria in Excelsis, Credo Nicea, Sanctus a Benedictus, Agnus Dei a Gweddi'r Arglwydd, © yr Ymgynghoriad Rhyngwladol ar Destunau Saesneg 1970, 1971, 1975, ac Ymgynghoriad Litwrgaidd yr Iaith Saesneg 1988;

Colect 3 yn Atodiad IV, atgynhyrchwyd o'r *Llyfr Gweddi Gyffredin*, (ECUSA) 1979;

Common Worship: Gwasanaethau a Gweddïau ar gyfer Eglwys Loegr, hawlfraint © Cyngor yr Archesgobion 2000, atgynhyrchir darnau trwy ganiatâd;

ACKNOWLEDGEMENTS

Texts from the *New Revised Standard Version of the Bible:* copyright 1989, 1995, Division of Christian Education of the National Council of the Churches of Christ in the United States of America. Used by permission. All rights reserved;

Quotations from *Y Beibl Cymraeg Newydd* and *Y Beibl Cymraeg Newydd Diwygiedig 2004* © The British and Foreign Bible Society, used with permission;

The prayer 'Generous God' © Westcott House, used with permission;

Extracts from *The Book of Alternative Services of the Anglican Church of Canada*, © the General Synod of the Anglican Church of Canada 1985, used with permission;

Gloria in Excelsis, the Nicene Creed, the Sanctus and Benedictus, the Agnus Dei and the Lord's Prayer, © the International Consultation on English Texts, 1970, 1971, 1975, and the English Language Liturgical Consultation 1988, used with permission;

Collect 3 of Appendix IV, reprinted from the *Book of Common Prayer according to the use of the Episcopal Church* (ECUSA) 1979, with permission;

Common Worship: Services and Prayers for the Church of England is copyright © The Archbishops' Council, 2000; extracts are reproduced by permission;

Darnau o'r *Alternative Service Book* a *Patterns for Worship: A Report by the Liturgical Commission*, © Cyngor Archesgobion Eglwys Loegr 1980 and 1989;

Gweddi Ewcharistaidd 5: hawlfraint Eglwys Esgobol yr Alban 1982, defnyddiwyd trwy ganiatâd.

Lluniwyd *Trefn ar gyfer y Cymun Bendigaid* gan Gomisiwn Sefydlog Ymgynghorol Litwrgi yr Eglwys yng Nghymru. Wrth baratoi'r Drefn, fe ystyriodd y Comisiwn amrywiaeth eang o ddeunydd ac mae'n cydnabod y cymorth a'r budd a gafwyd o wneud hynny. Mae rhannau sylweddol o destun y Drefn, a'r Drefn fel cyfanwaith, yn waith gwreiddiol y Comisiwn. Mae'r Eglwys yng Nghymru wedi gwneud pob ymdrech i sicrhau a hysbysu deiliaid hawlfraint pob gwaith a atgynhyrchir yn y Drefn, ac i gael eu caniatâd i ddefnyddio'r cyfryw weithiau. Fodd bynnag, os esgeuluswyd unrhyw waith, a thorri hawlfraint trwy ei ddefnyddio heb ganiatâd, mae'r Eglwys yng Nghymru am ymddiheuro, ac ar ôl cael ei hysbysu am y cyfryw amryfusedd, bydd yn cywiro hynny mewn ailargraffiadau o'r Drefn.

ATGYNHYRCHU

Extracts from *The Alternative Service Book* and *Patterns for Worship: A Report by the Liturgical Commission*, © the Archbishops' Council of the Church of England 1980 and 1989, used with permission;

Eucharistic Prayer 5 is copyright the Scottish Liturgy 1982 and belongs to the General Synod of the Scottish Episcopal Church and is used with permission.

The Order for the Holy Eucharist 2004 was compiled by the Standing Liturgical Advisory Commission of the Church in Wales. The Commission referred to a wide range of material in the preparation of the Order, and acknowledges the assistance and benefit thereby obtained. Substantial parts of the text of the Order, and the Order as a compilation, are the original creations of the Commission. The Church in Wales has used its best endeavours to ascertain and notify the owners of copyright in all works reproduced in the Order, and to secure their authority to use such works. If, however, any work has been overlooked, and its copyright infringed by unauthorized use, the Church in Wales offers its apology, and following notification of such oversight, will rectify the omission in future reprints of the Order.

REPRODUCTION